C. Br.

AF137101

Krisen mit Social Media Intelligence bewältigen

Empfehlungen für den Einsatz sozialer Netzwerke im Katastrophenschutz

Bibliografische Information der Deutschen Nationalbibliothek:

Die Deutsche Nationalbibliothek verzeichnet diese Publikation in der Deutschen Nationalbibliografie; detaillierte bibliografische Daten sind im Internet über http://dnb.d-nb.de abrufbar.

Impressum:

Copyright © Studylab 2020

Ein Imprint der GRIN Publishing GmbH, München

Druck und Bindung: Books on Demand GmbH, Norderstedt, Germany

Coverbild: GRIN Publishing GmbH | Freepik.com | Flaticon.com | ei8htz

Inhaltsverzeichnis

Abkürzungsverzeichnis

A2A	Authorities to Authorities
A2C	Authorities to Citizens
AML	Advanced Mobile Location
API	Application Programming Interface
BAO	Besondere Aufbauorganisation
BBK	Bundesamt für Bevölkerungsschutz und Katastrophenhilfe
BMI	Bundesministerium des Innern
BSH	Bundesamt für Seeschifffahrt und Hydrografie
BSI	Bundesamt für Sicherheit in der Informationstechnik
C2A	Citizens to Authorities
C2C	Citizens to Citizens
CB	Cell Broadcast
CBRN	Chemisch, biologisch, radiologisch, nuklear
DWD	Deutscher Wetterdienst
EAS	Emergency Alert System
EENA	European Emergency Number Association
EK	Europäische Kommission
FEMA	Federal Emergency Management Agency
GITEWS	Deutsch-Indonesisches Tsunami Frühwarnsystem
GMLZ	Gemeinsames Melde- und Lagezentrum von Bund und Ländern
IoT	Internet of Things
IS	Informationssystem
KFÜ	Kernreaktorfernüberwachung
MCI	Mensch-Computer-Interaktion
MoWaS	Modulares Warnsystem
NINA	Notfall-Informations- und Nachrichten-App

SMA	Social Media Analytics
THW	Technisches Hilfswerk
VOST	Virtual Operation Support Team

Abbildungsverzeichnis

1 Einleitung

Aufgrund naturbedingter und technischer Katastrophen haben im Jahr 2018 rund 17 000 Menschen ihr Leben verloren (CRED 2019). Vor allem durch den fortschreitenden Klimawandel und dessen Auswirkungen ist davon auszugehen, dass sich die Zahl aufkommender Naturkatastrophen nach oben entwickeln wird. Daher ist es notwendig, sich durch umfassendes Katastrophen- und Krisenmanagement auf derartige Situationen vorzubereiten. Ziel dabei ist es, Katastrophen zu verhindern oder bestmöglich zu bewältigen.

In dieser Bachelorarbeit sollen die Fragestellungen geklärt werden, wie sich die heutige Nutzung von Informationssystemen im Katastrophenschutz darstellt und ob Social Media Plattformen im Spiegel der bewährten Systeme einen mehrwertstiftenden Charakter besitzen. Insbesondere soll hierbei das Potential von sozialen Netzwerken als Hilfsmittel zur Krisenbewältigung analysiert und bewertet werden.

Zu Beginn der Arbeit werden zunächst Grundlagen zu den Themen Katastrophen und Informationssystemen vermittelt. Für den Prozess der Bevölkerungswarnung soll als didaktisches Grundgerüst die Abstraktion als Input-Output-System dienen. So können zuerst die verschiedenen Inputquellen – i.e. die auslösenden Systeme – dargelegt werden, gefolgt von den wichtigsten Outputquellen, die als direkte Warnsysteme für die Bevölkerung fungieren. Die Input-Verarbeitung wird dabei bewusst nur aus Außensicht betrachtet.

Im nächsten Kapitel wird im Speziellen das Potential von Social Media in der Phase der Krisenbewältigung näher untersucht, da derartige Plattformen heute eine besondere gesellschaftliche Relevanz darstellen. In diesem Zusammenhang werden verschiedene Nutzungsmuster sozialer Medien geklärt und der Forschungsbereich der Social Media Intelligence vorgestellt, wobei ein Vorgehensmodell zur zielgerichteten Analyse massenhafter Nutzerdaten sowie ausgewählte Systeme erläutert werden. Zudem soll der Sachverhalt geklärt werden, inwieweit sich freiwillige Helfer unter Nutzung sozialer Netzwerke einbringen können, um die Widerstandsfähigkeit in humanitären Notlagen zu steigern. Hier werden insbesondere die Möglichkeiten zur Integration von digitalen Freiwilligen (Digital Volunteers) und Vor-Ort-Helfern thematisiert und sowohl Herausforderungen als auch Handlungsempfehlungen zur effektiven Helferkoordination erörtert.

Abschließend werden in dieser Arbeit die Ausführungen im Fazit ausgewertet und ein Ausblick auf zukünftige Entwicklungen gegeben.

2 Forschungsmethode

Als Forschungsmethodik wird eine strukturierte Literaturrecherche in Anlehnung an Webster und Watson (2002, S. 13-23) durchgeführt, die auf ausgewählten qualitätsgesicherten Werken, Zeitschriften und Konferenzbeiträgen aufbaut.

Im ersten Schritt wird diesbezüglich relevante Literatur in akademischen Datenbanken, wie etwa der ACM Digital Library, AIS Electronic Library, IEEE Digital Library, ISCRAM Digital Library und Google Scholar identifiziert. Hierbei werden gezielt folgende Keywords und deren Kombinationen verwendet: disaster, crisis, emergency, management, response, informatics, computing, map, social media, volunteers, coordination, crowdsourcing, analytics und intelligence. Einschlägige Kombinationen sind beispielsweise „crisis informatics", „disaster response" oder „social media analytics", da diese Termini in der Forschung einen hohen Stellenwert vorweisen.

Zusätzlich werden die Methoden der Vorwärts- und Rückwärtssuche angewendet, um den aktuellen Forschungsstand optimal abzubilden. Die Vorwärtssuche ist dabei die Suche nach Literatur, die den vorliegenden Artikel zitieren, während bei der Rückwärtssuche die Literaturangaben des betrachteten Werks zurückverfolgt werden.

Durch die Lektüre von Titel, Abstract und inhaltlicher Struktur können nicht relevante Ergebnisse aus der Quellensammlung eliminiert werden. Im Anschluss werden die verbleibenden Suchergebnisse im Detail analysiert, thematisch strukturiert und inhaltlich evaluiert (Webster und Watson 2002, S. 13-23).

3 Begriffsbestimmungen und Grundlagen

Um ein tieferes Verständnis über die im Verlauf dieser Arbeit behandelten Themenbereiche zu erlangen, ist es zunächst notwendig diverse Begrifflichkeiten einzuführen und zu differenzieren. Nach einer Abgrenzung von Krisen und Katastrophen erfolgt eine Klassifikation der verschiedenen Katastrophenarten sowie die Darlegung der typischen Phasen im Katastrophenmanagement.

Anschließend wird der Begriff des Informationssystems (IS) und des Input-Output-Systems definiert. Letzteres soll als Aufbaustruktur in Kapitel 4 dienen, um die essenziellen Systeme im Prozess der Bevölkerungswarnung aufzuzeigen.

3.1 Krisen und Katastrophen

Die Begriffe *Krise* und *Katastrophe* werden im allgemeinen Sprachgebrauch und der Wissenschaft oft synonym verwendet, da sie üblicherweise eine enge Beziehung zueinander aufweisen. Trotz der nicht gänzlich überschneidungsfreien Eigenschaften soll im Folgenden der Versuch einer Abgrenzung unternommen werden.

Der Krisenbegriff leitet sich ursprünglich vom Griechischen *krísis* ab, was wörtlich übersetzt „Entscheidung" oder „entscheidende Wendung" bedeutet. Unter einer Krise ist daher fachübergreifend eine schwierige Lage, die den Höhe- und Wendepunkt einer gefährlichen Entwicklung darstellt, zu verstehen (Dudenredaktion oJ).

Das Bundesamt für Bevölkerungsschutz und Katastrophenhilfe (BBK) definiert eine Krise als eine „vom Normalzustand abweichende Situation mit dem Potential für oder mit bereits eingetretenen Schäden an Schutzgütern, die mit der normalen Aufbau- und Ablauforganisation nicht mehr bewältigt werden kann so dass eine Besondere Aufbauorganisation (BAO) erforderlich ist (BBK 2018, S. 32)". Eine Besondere Aufbauorganisation ist hierbei eine zeitlich begrenzte Organisationsform für umfangreiche und komplexe Aufgaben, insbesondere Maßnahmen aus besonderen Anlässen, die im Rahmen der Allgemeinen Aufbauorganisation nicht bewältigt werden können (BBK 2018, S. 11). Darüber hinaus ist die Unsicherheit hinsichtlich der aktuellen und zukünftigen Lagebewertung, die Gefahr von Leib und Leben sowie die vorherrschende Zeitkritikalität für Krisen charakteristisch. Letzteres Merkmal erfordert trotz personeller und materieller Ressourcenknappheit zeitnahes und geeignetes Handeln (Nestler 2010, S. 9-12).

Während sich Krisen sowohl zum Positiven als auch Negativen entwickeln können, implizieren Katastrophen „die Wendung zum Schlimmeren mit verheerenden, nicht vorhersehbaren oder nicht abwendbaren Wirkungen." Welsch (2010, S. 17) bezeichnet in diesem Zusammenhang Katastrophen als äußerste Ausprägung von Krisen. Das BBK definiert eine Katastrophe als Großschadensereignis, welches großflächige Auswirkungen auf Menschen, natürliche Lebensgrundlagen und bedeutende Sachenwerte haben kann.

Die Gefahr kann dabei ausschließlich durch die im „Katastrophenschutz mitwirkenden Behörden, Organisationen und Einrichtungen unter einheitlicher Führung und Leitung durch die Katastrophenschutzbehörde zur Gefahrenabwehr" bekämpft werden (BBK 2018, S. 29). Zu ebenjenen Einrichtungen sind beispielsweise Feuerwehr, Rettungsdienst, Polizei und Technisches Hilfswerk (THW) zu zählen. Eine Klassifikation verschiedener Schadensereignisse wird in Kapitel 3.1.1 vorgenommen.

Bei der Analyse der in der Wissenschaft vorzutreffenden Definitionen des Krisen- und Katastrophenbegriffs ist auffällig, dass keine allgemeingültige Abgrenzung existiert. Beide Bezeichnungen stellen Begebenheiten dar, welche mit einer starken Gefährdung für Menschen und Güter einhergehen und eine besondere Aufbau- und Ablauforganisation erfordern. Zudem sind die krisenspezifischen Charakteristika der Unsicherheit, Lebensbedrohlichkeit und Zeitkritikalität ebenfalls auf Katastrophen anwendbar. Aus diesen Gründen wird eine Katastophe als ein Subtyp von Krisen eingeordnet, weshalb die Begriffe in dieser Arbeit synonym verwendet werden.

3.1.1 Klassifikation von Katastrophen

Im nächsten Schritt sollen die diversen Arten von Extremereignissen klassifiziert werden. Die internationale Datenbank für Katastrophen gruppiert derartige Schadenslagen in *natürliche* und *technologische* Katastrophen (CRED 2019). Naturbedinge Ereignisse, wie etwa Erdbeben, Stürme, Überschwemmungen Vulkanausbrüche, Waldbrände oder Epidemien, finden unabhängig von menschlichem Handeln statt und können nur begrenzt vorgebeugt oder verhindert werden. Daher sind eine gezielte Vorbereitung und Organisation notwendig, um bei Eintritt eine effiziente Bekämpfung zu gewährleisten. Technologische Katastrophen werden in der Datenbank weniger detailliert unterteilt. Klar wird jedoch, dass diese Vorfälle, wie zum Beispiel Explosionen oder chemische Unfälle, einen – wenigstens indirekten – Zusammenhang mit menschlichem Handeln vorweisen. Zentes et al. (2012, S. 7) kommen zu einer ähnlichen Klassifikation, wobei technische Katastrophen als „Man-Made-Katastrophen", also durch Menschen verursachte Katastrophen, bezeichnet werden. Die Autoren unterteilen letztere Kategorie in beabsichtigte und unbeabsichtigte Ereignisse, wobei Terror-, Virenangriffe, Piraterie und politische

Unruhen als beabsichtigt eingestuft werden. Reaktorunfällen, technologischen Unfällen, Transportunfällen und Ölkatastrophen wird keine Absicht unterstellt. Zentes et al. (2012, S. 7) bezeichnen ebenfalls Wirtschafts- und Finanzkrisen als *manmade*; diese sind aufgrund der geringeren und meist nur schleichenden zivilen Bedrohung nicht im Blickpunkt dieser Arbeit. Die hier vom BBK verwendete Bezeichnung der *CBRN-Gefahren* ist außerdem in die Kategorie der technologischen Katastrophen einzuordnen. Unter CBRN-Substanzen werden chemische, biologische, radiologische und nukleare Substanzen verstanden, welche Menschen und Umwelt schädigen können (BBK 2019).

3.1.2 Phasen des Katastrophenmanagements

Trotz des spezifischen Verlaufs einer jeden Katastrophe sind im Katastrophenmanagement verschiedene Phasen feststellbar, welche meist in einer zyklischen Abfolge durchlaufen werden. In der Literatur sind differenzierte Abstufungen und Bezeichnungen im Managementzyklus vorzufinden, jedoch folgen alle Quellen dem gleichen Gedanken. Khan et al. (2008, S. 43-50) gliedern den in Abbildung 3.1 dargestellten „Disaster Management Cycle" grob in drei Perioden – risk reduction, emergency response und recovery.

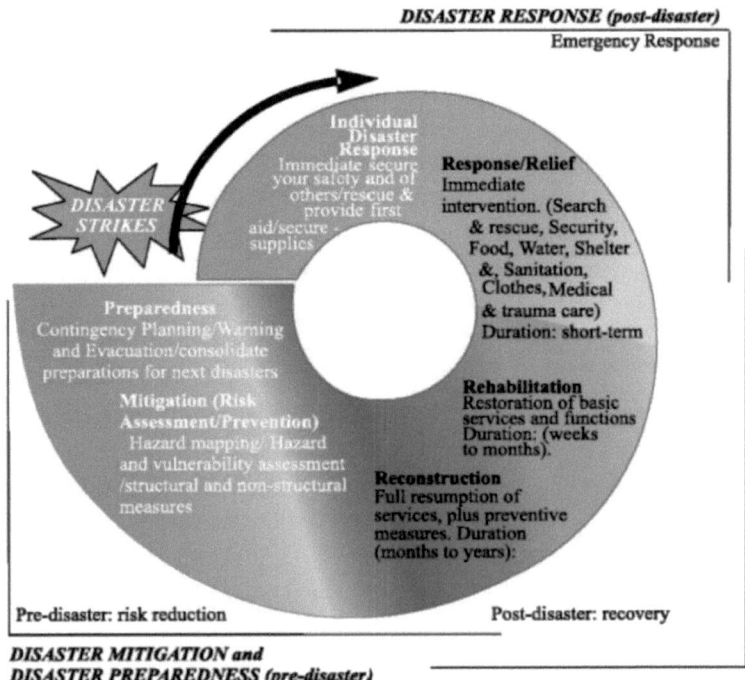

Quelle: (Khan et al. 2008, S. 47)

Abb. 3.1 Zyklus des Katastrophenmanagements

Für die Phase der Risikoreduktion sind Aktivitäten der Prävention und Vorbereitung auf mögliche, bevorstehende Katastrophen charakteristisch. Hierunter fallen
etwa eine ganzheitliche Krisenorganisation, die Sensibilisierung der Bevölkerung,
die Durchführung von Notfallübungen oder die Nutzung von Frühwarnsystemen.
Nach Eintreffen eines Unglücks beginnt die Phase der Krisenbewältigung (crisis
response), in der das Ziel verfolgt wird, entstandene Gefahren durch Bekämpfungsmaßnahmen zu minimieren. Schließlich folgt in der Erholungsphase der Wieder-
aufbau und im besten Fall die Rückkehr zu normalen Zuständen. Die Autoren betonen jedoch, dass die genannten Stufen oftmals nicht überschneidungsfrei und in
der vorgegebenen Reihenfolge passiert werden. Um die Widerstandsfähigkeit bei
zukünftigen Katastrophen zu erhöhen, sollen mit jeder Iteration des Kreislaufs
sämtliche Strategien und Konzepte kontinuierlich verbessert werden (Khan et al.
2008, S. 47-48).

Das BBK und das Bundesministerium des Innern (BMI) sprechen im Krisenmanagement von den vier zyklischen Phasen der Vorsorge, Vorbereitung, Bewältigung und Nachsorge. Diese Unterteilung ist mit dem Ansatz von Khan et al. vergleichbar (BBK 2019a; BMI 2014, S. 6-9).

3.2 Begriff des Informationssystems

Ein Informationssystem bezeichnet allgemein ein System, welches Informationen erfasst, überträgt, transformiert und bereitstellt. In der Wirtschaftsinformatik wird im Bereich der IS zwischen automatisierten und nicht-automatisierten Aufgabenträgern unterschieden (Ferstl und Sinz 2013, S. 3-7). Während unter dem zuletzt genannten Typ Personen verstanden werden, handelt es sich bei automatisierten Aufgabenträgern um Maschinen, im engeren Sinne um Anwendungssysteme, i.e. Soft- und Hardwaresysteme. So bestehen IS nach Hansen und Neumann (2009, S. 131) „aus Menschen und Maschinen, die Informationen erzeugen und/oder benutzen und die durch Kommunikationsbeziehungen miteinander verbunden sind". In der Wissenschaft werden derartige Kommunikationsbeziehungen, welche die Schnittstelle zwischen maschinellen und personellen Aufgaben bilden, im Forschungsbereich der Mensch-Computer-Interaktion (MCI) tiefgreifend behandelt. In diesem Zusammenhang stellen Informationssysteme *Mensch-Aufgabe-Technik-Systeme* dar, wobei Aufgaben von Mensch und Maschine gemeinschaftlich (soziotechnisch) durchgeführt werden, um spezielle Problemstellungen zu lösen (Heinrich et al. 2011, S. 3-5).

3.3 Begriff des Input-Output-Systems

Um die verschiedenen Informationssysteme im Prozess der Bevölkerungswarnung systematisch darzustellen, soll als Aufbaustruktur für das folgende Kapitel ein Input-Output-System dienen.

Input-Output-Systeme sind durch drei Komponenten gekennzeichnet – der Eingabe (Input), der Verarbeitung des Inputs und der erzeugten Ausgabe (Output). Charakteristisch ist hierbei die zugrunde liegende Black-Box-Metapher, was bedeutet, dass die innere Struktur, i.e. die Inputverarbeitung, unbekannt oder irrelevant ist. Das System wird daher nur über sein äußeres Verhalten beschrieben. Aus systemtheoretischer Sicht ist es folgendermaßen definiert:

$$S^{IO} \subseteq IN \times OUT$$

Demnach ist das Input-Output-System eine (echte) Teilmenge aus dem kartesischen Produkt von Eingabe- und Ausgabemenge. Dies belegt ebenfalls, dass das System ausschließlich „über die Beziehung zwischen Eingabemenge und Ausgabemenge" beschrieben wird (Ferstl und Sinz 2013, S. 16-17).

4 Warnung der Bevölkerung als Input-Output-System

Überträgt man die Eigenschaften eines Input-Output-Systems auf den Prozess der Bevölkerungswarnung, bezeichnen (notfall-)meldende Systeme und Einrichtungen die Inputquellen, während hingegen die verschiedenen Systeme zur Warnung der Bevölkerung im Katastrophenfall als Outputquellen dienen.

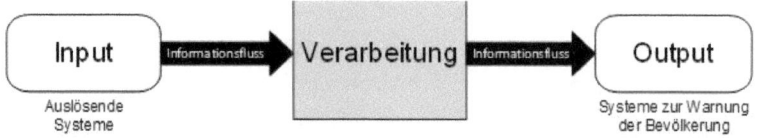

Abb. 4.1 Input-Output-System im Kontext der Bevölkerungswarnung

Innerhalb der Input-Verarbeitung finden diverse Prozessschritte statt, welche schließlich in einer Warnmeldung resultieren können. Genaue Praktiken, Einrichtungen und Systeme werden im Sinne der oben genannten Definition nicht im Detail beleuchtet.

4.1 Inputquellen

Hinweise und Informationen zu humanitären Notlagen können von unterschiedlichen Quellen stammen. Die nachfolgend aufgezeigten Einrichtungen und Techniken liefern notfall- und krisenrelevante Informationen, welche anschließend bewertet und weiterverarbeitet werden müssen. Zuverlässigkeit und Integrität der übermittelten Informationen spielen hierbei eine große Rolle.

4.1.1 Behörden und Notrufe

4.1.1.1 Behörden

In Deutschland sind für die Warnung bei Katastrophen und allgemeinen Gefahrenlagen die einzelnen Bundesländer zuständig. Bei den besonderen Gefahren eines Verteidigungsfalls übernimmt der Bund, insbesondere das BBK, die Zuständigkeit und bundesweite Koordination der Bevölkerungswarnung. Es ist besonders wichtig, dass sämtliche involvierte Einrichtungen und Behörden, wie zum Beispiel das Gemeinsame Melde- und Lagezentrum von Bund und Ländern (GMLZ) des BBK, die Bundeswehr sowie die Lagezentren der Länder, kooperativ und eng zusammenarbeiten (BBK 2019b).

Für spezielle Gefahren liefern verschiedene Bundesbehörden notfall- und krisenrelevante Informationen. So obliegt dem Deutschen Wetterdienst (DWD) die amtliche Warnung vor gefährlichen Wetterlagen wie Stürmen, Gewittern oder Hitzewellen. Hierzu werden die Wetterentwicklungen von Meteorologen und technischen Systemen kontinuierlich beobachtet und ausgewertet (DWD oJ). Das Bundesamt für Seeschifffahrt und Hydrografie (BSH) informiert über Gefahren im Bereich Gezeiten, Wasserstand und Sturmflut; das Bundesamt für Sicherheit in der Informationstechnik (BSI) liegt für Lageeinschätzungen für Cyber-Gefahren, wie etwa Hackerangriffe oder Schadsoftware, in der Verantwortung (BBK 2019b; BSI 2019).

4.1.1.2 Notrufe

Befinden sich Menschen in Notsituationen oder sind als Augenzeugen vor Ort, ist es üblich einen Notruf abzusetzen, welcher von einer zuständigen Leitstelle entgegengenommen und koordiniert wird. Nach Angaben der Europäischen Kommission (EK) wurden im Jahr 2018 73% aller europäischen Notrufe (Notrufnummer „112") von mobilen Endgeräten abgesetzt (EK 2019, S. 6-7). Aus diesem Grund sind Informationen zum aktuellen Aufenthaltsort der hilfesuchenden Person äußerst wertvoll, um eine möglichst schnelle Hilfeleistung zu gewährleisten. Nach EU-Richtlinie 2018/1972 sind seit dem Jahr 2018 alle EU-Mitgliedstaaten dazu verpflichtet, Leitstellen Informationen zum Standort des Notrufenden bereitzustellen. Als aktuelle Technologie hat sich hierfür der quelloffene Dienst *Advanced Mobile Location (AML)* der European Emergency Number Association (EENA) gezeigt.

Wird von einer Person eine AML-unterstützte Notrufnummer gewählt, werden zu Gesprächsbeginn das im Mobilgerät integrierte Navigationssatellitensystem sowie Wireless-LAN aktiviert; diese Aktivierung findet unabhängig von zuvor im System deaktivierten Funktionen statt und setzt die Nutzung eines Smartphones voraus. Dadurch können genaue Positionsdaten erhoben werden, die anschließend der Leitstelle via Daten-SMS bereitgestellt werden. Der Dienst ist mittlerweile in alle gängigen Android- und Apple-Smartphones implementiert – unter der Voraussetzung einer aktuellen Softwareversion (EENA oJ).

Der AML-Dienst findet in zahlreichen Staaten Verwendung; in Deutschland sind jedoch noch nicht alle Leitstellen in der Lage Positionsdaten zu verarbeiten. Zudem ist in Deutschland aus Gründen des Datenschutzes keine dauerhafte Speicherung der Standortdaten gestattet und es ist ein Hashen der Telefonnummer des Anrufenden erforderlich (Integrierte Leitstelle Freiburg-Breisgau-Hochschwarzwald 2019).

4.1.2 Sensorik

Katastrophen können oft nicht vermieden werden, weshalb es besonders wichtig ist, betroffene Personen und Behörden rechtzeitig zu warnen, um größere Schäden zu vermeiden, zu reduzieren oder direkte Maßnahmen einzuleiten. Bereits wenige Minuten vor Eintritt eines Schadensereignisses können eine wertvolle Reaktionszeit darstellen. Hierbei können technische, sensorbasierte Systeme eingesetzt werden, welche fortlaufend Echtzeitdaten zur Verfügung stellen und damit essenzielle Informationen liefern. Ausgewählte Informationssysteme werden nachfolgend exemplarisch vorgestellt.

Zur Früherkennung von Erdbeben, Tsunamis und Vulkanausbrüchen werden zumeist Seismometer eingesetzt, welche seismische Wellen erkennen, die sich bei Erderschütterungen in alle Richtungen ausbreiten. In Indonesien findet seit vielen Jahren das *Deutsch-Indonesische Tsunami Frühwarnsystem (GITEWS)* Anwendung, wobei seismologische Daten, GPS-Daten und Pegelmessungen kombiniert erhoben und bewertet werden, sodass die Vorwarnzeit auf ein Minimum reduziert werden kann (Lauterjung 2010, S. 641-646). Anstatt der Errichtung zahlreicher seismischer Messstationen, setzen neuartige Konzepte, wie etwa die App *MyShake,* auf die Auswertung der Daten von Beschleunigungssensoren in Smartphones. Je mehr Bürger die frei verfügbare App installieren, desto genauer und zuverlässiger können Erdbeben erkannt werden. Machine Learning Algorithmen werten dabei die zentral gesammelten Daten aus, um zu entscheiden, ob seismische Aktivitäten stattfinden und in welchem Umkreis und Umfang diese vorliegen (Allen et al. 2019, S. 57-62).

Neben altbewährten Brandschutzanlagen zur Erkennung von Feuer, beschreiben Alejandre et al. (2016, S. 1-8) ein System zur frühzeitigen Warnung vor Waldbränden, das mithilfe von hierarchischen, drahtlosen Sensornetzwerken entstehende Brandherde identifiziert. Diesbezüglich können innerhalb eines Waldgebiets beliebig viele „sensor nodes" angebracht werden, deren Daten über verschiedene Endpunkte an einen zentralen Speicherort gesendet werden. Jeder Sensor sammelt dabei Echtzeitdaten über Temperatur, Feuchtigkeit, Windgeschwindigkeit und -richtung sowie CO2-Werte. Durch die (teil-)automatisierte Evaluation der aktuellen Datenbasis können schließlich aufkommende Brände frühzeitig erkannt und bewertet werden.

Darüber hinaus wird heute eine Vielzahl weiterer sensorischer Messgeräte genutzt, wie beispielsweise bei der Kernreaktorfernüberwachung (KFÜ), bei der täglich mehr als 200 000 Messwerte erfasst und vollautomatisch überwacht werden (Ministerium für Umwelt, Klima und Energiewirtschaft Baden-Württemberg o]).

Durch die zunehmende Digitalisierung und der Vernetzung von Dingen, dem Internet of Things (IoT), ergibt sich ein immenses Potential für neuartige Anwendungsfälle, um in Zukunft lebensbedrohliche Gefahrenlagen besser zu antizipieren und davor zu warnen.

4.1.3 Social Media zur Früherkennung

Der Datenverkehr in sozialen Netzwerken wie Facebook, Twitter oder Instagram, hat in den letzten Jahren signifikant zugenommen und wird tendenziell weiter steigen. Finden schwerwiegende Unglücke statt, neigen immer mehr Menschen dazu, soziale Netzwerke zu benutzen, um Statusmeldungen, Meinungen, Bildmaterial oder Hilfsangebote zu teilen. Diese Masse an heterogenen Daten kann genutzt werden, um Schadensereignisse frühzeitig zu erkennen. In einer Studie über die Früherkennung von Großschadensereignissen in sozialen Netzwerken haben Bahir und Peled (2015, S. 210-220) ein Informationssystem entwickelt, welches auf Basis von nutzergenerierten Daten der Plattformen Twitter und Google+ automatisch Warnungen erzeugt, wenn sich größere Vorfälle ereignen.

Die Autoren haben herausgefunden, dass sich Katastrophen und Unruhezustände in „abnormalen" Aktivitäten in sozialen Medien wiederspiegeln, die durch Filterung mit einer Menge definierter Schlüsselwörter vollautomatisch und zeiteffizient erkannt werden können. Aus diesem Grund wurde das *Major Event Monitoring and Alert System* entwickelt, welches initial Rohdaten über die Programmierschnittstellen (APIs) von Twitter und Google+ extrahiert und speichert. Diese können nun verarbeitet und nach speziellen Schlüsselwörtern kategorisiert werden. Die Erkennung von Ereignissen (*event detection*) wird mit Überschreitung von definierten Schwellenwerten realisiert. Jedem Ereignistyp wird hierbei ein individueller Schwellenwert und Zeitrahmen zugewiesen. Das System zählt nun für jeden Typ die relevanten Nachrichten innerhalb der festgelegten Zeitspanne und löst schließlich Alarm aus, falls der geltende Grenzwert, i.e. die Anzahl zugelassener Nachrichten in dieser Zeit, überschritten wird. Bahir und Peled (2015, S. 211-219) betonen jedoch, dass diese datenbasierte Früherkennung ausschließlich bei Vorkommnissen mit verheerenden Auswirkungen zuverlässig funktioniert, da kleinere Ereignisse einen zu geringen Einfluss auf soziale Medien haben.

Als Resultat der Testphase konnten vor allem Naturkatastrophen, wie etwa Brände, zuverlässig identifiziert werden; teilweise frühzeitiger als öffentliche Medien den Vorfall verkündeten. Dennoch wurde auch eine Vielzahl irrelevanter Warnmeldungen erzeugt, die sowohl bei Naturkatastrophen als auch bei Man-Made-Katastrophen auftraten. Deshalb ist die kontinuierliche Anpassung von Schlüsselwörtern, Schwellenwerten und Zeitspannen notwendig, um die Sensitivität und Zuverlässigkeit des Systems zu verbessern (Bahir und Peled 2015, S. 218-219).

Die obigen Ausführungen zeigen, dass die Forschung im Bereich der Datenanalyse zur Früherkennung noch lange nicht abgeschlossen ist und großes Potential birgt *(siehe auch Kapitel 5.2 Social Media Intelligence)*. Im Zuge der wachsenden Rechnerleistung, effizienterer Algorithmen und künstlicher Intelligenz werden zukünftig weitere Entwicklungen erwartet, um derartige Frühwarnsysteme zu verbessern.

4.2 Verarbeitung des Inputs

Im Kapitel der Inputquellen wird deutlich, dass Informationen zu beginnenden und aktuellen Katastrophen aus unterschiedlichen Quellen stammen können. Diese Informationen gilt es von zuständigen Einrichtungen und Behörden zu bewerten und zu priorisieren. In Deutschland übernehmen diese Aufgabe etwa Zivilschutzverbindungsstellen, die Lagezentren von Bund- und Ländern, der DWD oder diverse Leitstellen. Ist im Ergebnis eine Warnung der Bevölkerung notwendig, kommen häufig Systeme zum Einsatz, die zentral Warnungen über alle verfügbaren Warnkanäle an die Bevölkerung organisieren und ausgeben können.

In der BRD wird hierfür das vom BBK entwickelte Modulare Warnsystem (MoWaS) genutzt, während die USA das auf das Emergency Alert System (EAS) zurückgreift (BBK 2019c; Federal Communications Commission 2019).

4.3 Outputquellen

Sind Systeme oder Institutionen über die Existenz einer akuten Bedrohungslage sicher, ist eine rechtzeitige Warnung der Bevölkerung ausschlaggebend für eine bestmögliche Katastrophenabwehr. Diesbezüglich sollte nicht nur das Ziel der Informationsbereitstellung zu bevorstehenden oder existierenden Katastrophen verfolgt werden, sondern vielmehr Hinweise zu korrektem Verhalten und der Vorkehrung von Schutzmaßnahmen gegeben werden.

In Anlehnung an Klafft (2018, S. 321) zeigt Abbildung 4.2 den idealtypischen Informationsverbreitungs- und Verarbeitungsprozess bei Katastrophenwarnungen.

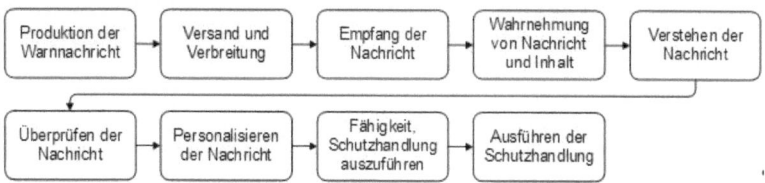

Abb. 4.2 Informationsverbreitungs- und Verarbeitungsprozess bei Katastrophenwarnungen

Bei Erstellung einer aussagekräftigen Warnmeldung, gilt es diese anschließend über verschiedene Warnkanäle – hier *Outputquellen* – zu verbreiten und gegebenenfalls mit ergänzenden Informationen zu versehen. Im Zuge der Wahrnehmung der Nachricht durch den Empfänger, soll ebendiese im nächsten Schritt sprachlich und inhaltlich verstanden werden sowie auf Glaubwürdigkeit und persönliche Betroffenheit überprüft werden. Abschließend sind die erwünschten Schutzhandlungen, zum Beispiel das Verlassen eines betroffenen Gebiets, auszuführen, sofern der Empfänger dazu gewillt und in der Lage ist. Dieser Prozess impliziert, dass zu vermittelnde Warnmeldungen möglichst schnell, verständlich und zuverlässig publiziert werden müssen, um einen hohen Warneffekt mit unverzüglicher Reaktion bei den Adressaten hervorzurufen. Zudem spielt die Glaubwürdigkeit von Nachricht und Sender eine zentrale Rolle, welche von zu vielen Falschwarnungen negativ beeinflusst werden kann (Klafft 2018, S. 320-323).

Neben herkömmlichen Warnkanälen wurden in den letzten Jahren zahlreiche digitale Kanäle erschlossen, die neue Möglichkeiten hinsichtlich der erwünschten Warnwirkung, des möglichen Informationsgehalts und der Reichweite eröffnen.

Sämtliche verfügbaren Warnkanäle müssen im Falle einer Bevölkerungswarnung sinnvoll kombiniert und inhaltlich konsistent versorgt werden, um eine maximale Wirkung der Warnung zu erzielen (Klafft 2018, S. 334). Eine Auswahl bewährter und neuartiger Warnkanäle wird im Anschluss vorgestellt.

4.3.1 Konventionelle Systeme

Neben der Warnmöglichkeit über Rundfunk, Fernsehen oder Lautsprecherwagen, nimmt die Warnung mittels Sirenen bis heute einen wichtigen Platz ein. Grund hierfür ist der hervorragende Weckeffekt, der durch die lautstarken, an- und abschwellenden akustischen Signale erreicht wird und kein menschliches Zutun erfordert, wie etwa das Einschalten von Fernsehgeräten. Bis zum Ende des Kalten Krieges stand in Deutschland ein flächendeckendes Sirenennetz mit ca. 80 000 Standorten zur Verfügung, um die Bevölkerung im Ernstfall zu warnen. Diese Infrastruktur wurde jedoch aufgrund der beurteilten Sicherheitslage aufgelöst und den Gemeinden kostenlos zur Verfügung gestellt. Infolgedessen wurde eine Vielzahl an Sirenen abgebaut und in den Kommunen individuell eingesetzt, weshalb seither keine einheitliche und zentral gesteuerte Kommunikation mehr möglich ist. Seitens des BBK ist es geplant, Sirenen zukünftig an das Modulare Warnsystem anzuschließen, um Warnungen schnell und automatisiert von Länder- und Bundesebene auszugeben. Außerdem beabsichtigen einzelne Regionen den erneuten Ausbau des Sirenennetzes (BBK 2018a).

Als Nachteil ist dennoch der niedrige Informationsgehalt von Sirenensignalen anzuführen. Bei Alarmierungen ist es erforderlich, dass sich Bürgerinnen und Bürger zusätzliche Informationen beschaffen, da diese lediglich über die Existenz einer Gefahrenlage informiert werden. Zusätzlich ist anzumerken, dass Personen, die sich in geschlossenen Räumen oder in Regionen mit erhöhtem Lärmpegel aufhalten, möglicherweise nicht informiert werden. Aus diesen Gründen müssen Sirenen zwingend durch zusätzliche Warnkanäle mit höherem Informationsgehalt ergänzt werden (Klafft 2018, S. 324; Jagtman 2009, S. 18).

Zahlreiche weitere Techniken befinden sich bereits in der Entwicklung, welche versuchen, alltägliche Systeme durch Warnfunktionalitäten zu ergänzen. Öffentliche Displays, insbesondere digitale Werbetafeln, können schon heute an MoWaS angeschlossen werden und Informationen direkt vor Ort liefern. Zudem wird vergleichsweise erprobt, inwiefern Fahrzeugnavigationssysteme und Digitalradios in Fahrzeugen unter Nutzung technischer Standards selbstständig Warnungen ausgeben können (BBK 2019d).

4.3.2 Cell-Broadcasts

Als ergänzender Warnkanal zu den in Kapitel 4.3.1 dargestellten Methoden können mobilfunkgestützte Systeme eingesetzt werden. Eine weit verbreitete Technologie stellen die nachfolgend erläuterten *Cell Broadcasts (CB)* dar.

Die Cell Broadcast Technologie ist Bestandteil aller gängigen Mobilfunkstandards und bietet die Möglichkeit, Push-Nachrichten an alle Mobilfunkgeräte zu senden, die sich innerhalb von ausgewählten Mobilfunkzellen befinden. Hierzu ist es erforderlich, dass der Empfang derartiger (Warn-)Meldungen vorab an allen Endgeräten freigeschaltet werden muss, was zugleich eine große Herausforderung darstellt.

Außerdem müssen lokale Netzbetreiber den CB-Service unterstützen, um Warnmeldungen versenden zu können (Jagtman 2009, S. 19; Klafft 2018, S. 324). Typischerweise findet die Kommunikation anonym statt, da keine Registrierung oder Bestätigung der empfangenen Nachricht notwendig ist; die Anzahl der Geräte, welche die Nachricht erhalten haben, ist somit nicht bekannt (Jagtman 2009; Gutteling et al. 2018, S. 1580).

In humanitären Notlagen können örtliche Mobilfunknetze schnell überlastet sein, sodass Anrufe oder Nachrichten nur begrenzt möglich sind. Durch Nutzung eines „Datenkanals", welcher unabhängig von ebendiesen funktioniert, erreichen Cell Broadcasts – im Vergleich zum gebräuchlichen Short Message Service – eine relativ gute Ausfallsicherheit und Verfügbarkeit (National Research Council 2011, S. 5).

Hinsichtlich des Informationsgehalts finden essenzielle Informationen in einer CB-Meldung Platz. Zu diesen zählen die aktuelle Gefahr, das betroffene Gebiet, Verhaltenshinweise und Absender der Nachricht (Gutteling et al. 2018, S. 1580). Jene Bestandteile unterliegen allerdings einer Zeichenbegrenzung von maximal 93 Zeichen pro Nachricht (Klafft 2018, S. 332). Abhilfe kann hier der Versand mehrerer Nachrichten in zeitlicher Abfolge schaffen.

Mit Cell Broadcasts kann nur ein eingeschränkter Weckeffekt erreicht werden, da zu warnende Personen zwingend ihr Mobilgerät mit sich zu führen haben und ausreichend Batterie sowie Netzempfang vorhanden sein müssen. Zudem kann innerhalb der Schlafenszeit die Wahrnehmung der Warnnachricht nicht gewährleistet werden. Mit der Auswahl einer oder mehrerer Funkzellen, welche die Meldung an alle eingewählten Geräte versenden sollen, kann die Reichweite geografisch festgelegt werden; jedoch ist dabei zu beachten, dass es zu keiner „systematischen Über-warnung" kommt, indem auch Personen außerhalb der Gefahrenzone gewarnt werden (Klafft 2018, S. 329-334).

Die genannten Punkte bestätigen, dass die CB-Technologie stets ergänzend ange-wendet werden sollte. Verschiedene Länder wie Chile, die USA oder die Nieder-lande nutzen den Kanal aktiv zur Warnung der Bevölkerung. In Deutschland findet der Dienst aufgrund der zu geringen Kompatibilität von Geräten und Netzbetrei-bern derzeit keine Anwendung (Klafft 2018, S. 324-325).

4.3.3 Warn-Apps

Eine heute weit verbreitete Warnmöglichkeit stellen Warn-Applikationen dar, die nach erfolgter Installation auf dem Smartphone krisenrelevante Informationen lie-fern. Im Vergleich zu den in Kapitel 4.3.2 erwähnten Cell Broadcasts, bieten Apps umfassendere Informationsmöglichkeiten. Bekannte Anwendungen, wie etwa die vom BBK entwickelte App NINA (Notfall-Informations- und Nachrichten-App) oder KATWARN vom Fraunhofer FOKUS, liefern Karten mit visualisierten Gefahrenzo-nen, standortbezogene Benachrichtigungen und weitere nützliche Funktionalitä-ten.

In einer Studie versuchen Reuter et al. (2017, S. 2187-2201) durch den Vergleich der Apps NINA, KATWARN und der in den USA weit verbreiteten App FEMA (Fe-deral Emergency Management Agency) die notwendigen funktionalen Anforderun-gen einer solchen Anwendung abzuleiten.

Als wichtigste Kernfunktionalität gilt die Benachrichtigung zur Warnung vor aktu-ellen oder bevorstehenden Ereignissen mit Gefahrenpotential. Auf Karten sollen Gefahren grafisch hervorgehoben werden und per Klick Informationen zu Gefah-rentyp, Ausmaß, Gültigkeitsdauer sowie Handlungsempfehlungen liefern. Eine Warnung soll sowohl für festgelegte Orte als auch für den derzeitigen Standort möglich sein. Außerdem können Empfehlungen zu korrektem Verhalten vor, wäh-rend und nach Krisensituationen helfen, die Bevölkerung in Bezug auf verschie-dene Gefahrentypen zu sensibilisieren. Reuter et al. (2017) benennen zusätzlich die Anforderung, öffentlichen Einrichtungen oder privaten Kontakten den persön-lichen Status mitteilen zu können und damit entweder vor Gefahren zu warnen o-der Entwarnung zu geben. Zu weiteren essenziellen Kernfunktionalitäten zählen eine chatbasierte Kommunikation und die Integration von Konzepten zur Helfer-koordination. Letztere Eigenschaften wurden bislang in keiner der oben genannten Apps implementiert; jedoch sind ergänzende Prototypen zur Helferintegration, wie beispielsweise die mobile Anwendung KATRETTER des Fraunhofer FOKUS, bereits in der Pilotphase (Fraunhofer FOKUS oJ). Zuletzt werden umfangreiche Einstell-möglichkeiten betont, um Benachrichtigungen nach Gefahrentyp und Warnstufe zu personalisieren, Standortdienste zu verwalten oder Notfallkontakte einzuspei-chern (Reuter et al. 2017, S. 2196-2199).

Mobile Anwendungen zur Katastrophenwarnung bieten ein großes Informations-angebot, welches Nutzern bei kritischen Situationen helfen kann. Dennoch ist an-zumerken, dass Warn-Apps einen sehr geringen Weckeffekt mit sich bringen, da Menschen unbedingt ein (eingeschaltetes) Smartphone mit installierter App besit-zen müssen, zumal in den Stunden der Nachtruhe unter Umständen keine Warnung wahrgenommen wird. Als weiterer Nachteil ist zu nennen, dass zur zuverlässigen Warnung eine aktive Internetverbindung erforderlich ist; diese kann jedoch in Kri-sensituationen nicht garantiert werden. Aus diesen Gründen sollten Warn-Apps ebenso als ein „ergänzender Baustein im Rahmen einer umfassenden Warnstrate-gie" angesehen werden (Klafft 2018, S. 325-329).

In Deutschland existieren neben NINA und KATWARN weitere mobile Anwendun-gen mit Warnfunktionalitäten. Dies scheint Unsicherheit in der Bevölkerung aus-zulösen, da vereinzelte Anwendungen nur vor speziellen Gefahren warnen und ausschließlich in festgelegten Regionen unterstützt werden. Das könnte ebenfalls belegen, warum über 80% der Probanden im Rahmen der Studie von Reuter et al. (2017, S. 2190) noch nie eine Warn-App installiert haben. Deshalb wurden etwa Schnittstellen zwischen NINA und KATWARN geschaffen, sodass zukünftig beide Anwendungen flächendeckend über alle wichtigen Gefahren informieren (Fraun-hofer FOKUS 2019). Das BBK teilt im Juni 2019 mit, dass nun bereits über fünf Mil-lionen Bürgerinnen und Bürger die App NINA benutzen (BBK 2019e).

4.3.4 Social Media

Grundsätzlich können die Einrichtungen des Katastrophenschutzes zahlreiche Menschen über soziale Medien erreichen und wichtige Informationen liefern. Auf-grund des fehlenden Weckeffekts und der Abhängigkeit von der oftmals schnell überlasteten Internet-Infrastruktur, sind soziale Medien nur bei Katastrophen mit längeren Vorwarnzeiten als Kanal zur Bevölkerungswarnung geeignet. Vielmehr „empfehlen sich soziale Medien eher als ergänzendes Medium zur Bereitstellung zusätzlicher Hintergrundinformationen zu Akutwarnungen" (Klafft 2018, S. 325).

Nichtsdestotrotz können Behörden Social Media Plattformen hervorragend zur proaktiven Krisenkommunikation nutzen, indem sie Bürgerinnen und Bürgern Informationen bereitstellen, die für Krisensituationen besonders hilfreich sind. Hierzu zählen präventive Empfehlungen, wie etwa das richtige Verhalten zur Vermeidung von Bränden, oder aber Ratschläge, Sicherheitshinweise und Status-Updates während eines Notfalls. Nach Abklingen einer Gefahrenlage können verantwortliche Katastrophenschutzbehörden soziale Medien beispielsweise zur Berichterstattung nutzen oder um Aufräumarbeiten zu koordinieren (Reuter et al. 2016, S. 107). Als Voraussetzungen für eine effektive Krisenkommunikation sind vor allem eine große Reichweite – zum Beispiel gemessen an der Abonnentenzahl – sowie Vertrauen gegenüber der informierenden Einrichtung zu benennen. Dies erfordert „eine kontinuierliche redaktionelle Pflege und ein gutes Community Management" (BMI 2014, S. 22-24).

5 Analyse des Potentials von Social Media bei der Krisenbewältigung

Soziale Medien, engl. Social Media, bestimmen heute maßgeblich den Alltag von Menschen, Unternehmen und Behörden. Der Begriff wird dabei für technische Anwendungen verwendet, die über das Internet (oder Intranet) zugänglich sind und die Kommunikation, Vernetzung und Zusammenarbeit von Nutzern ermöglichen. Das Teilen von nutzergenerierten Inhalten innerhalb des persönlichen Netzwerks oder der Öffentlichkeit stellt eine zentrale Eigenschaft dar, sodass jeder Teilnehmer gleichzeitig Sender und Empfänger sein kann (Stieglitz 2019). Zeng et al. (2010, S.13) bezeichnen soziale Medien ebenso als einen „dialogorientierten, verteilten Modus der Inhaltsgenerierung, Verbreitung und Kommunikation in Communities". Weblogs, Foren, Wikis, soziale Netzwerkseiten oder Microblogging-Dienste sind typische Technologien, zu denen Facebook, Instagram oder Twitter als bekannte Vertreter zählen (Stieglitz 2019). Mit rund 2,3 Milliarden monatlich aktiver Nutzer ist Facebook der wohl beliebteste Social Media Dienst, während vergleichsweise Twitter 326 Millionen aktive Nutzer pro Monat erreicht (DataReportal et al. 2019).

Dieses Kapitel befasst sich mit den Möglichkeiten, inwieweit soziale Medien in der Phase der Krisenbewältigung, i.e. nach Ausbruch einer Katastrophe und anschließender Bevölkerungswarnung (siehe Kapitel 4), dabei helfen können, Gefahrenlagen effizienter zu bekämpfen. Einerseits enthalten die enormen, stetig wachsenden Datenmengen wertvolle krisenrelevante Informationen, auf Basis derer neue Kenntnisse gewonnen oder Entscheidungen erleichtert werden können. Andererseits können die charakteristischen Netzwerkstrukturen selbst vorteilhaft genutzt werden, um die Kommunikation, Koordination und Kooperation in Krisen zu fördern.

In Bezug auf die verschiedenen Interaktionsmöglichkeiten zwischen Bevölkerung und Behörden, liegen sozialen Netzwerken verschiedene Nutzungsmuster zugrunde, die einführend klassifiziert werden. Anschließend werden ausgewählte Anwendungsmöglichkeiten von Social Media im Krisenkontext erörtert und mit konkreten Beispielen verdeutlicht.

5.1 Nutzungsmuster von Social Media Plattformen

Vergangene Katastrophen und deren Reaktionen haben Reuter et al. (2012, S. 9-12) dazu veranlasst, die Nutzungsmöglichkeiten von Social Media zu kategorisieren, um die Interaktion zwischen involvierten Parteien zu fördern und daraus geeignete Technologien abzuleiten.

Die Klassifizierungsmatrix in Abb. 5.1 zeigt in Anlehnung an Reuter et al. (2012, S. 11) die verschiedenen Nutzungsmuster von sozialen Medien in der Krisenkommunikation. Entlang der x-Achse werden dabei die Sender von digitalen Inhalten definiert, während die y-Achse die Empfängerseite adressiert. Als zentrale Parteien hinsichtlich der Interaktion werden Behörden („Authorities") und die Öffentlichkeit („Citizen/Public") festgelegt, welche sowohl als Sender als auch Empfänger fungieren können. Folglich können vier verschiedene Informationsflüsse unterschieden werden.

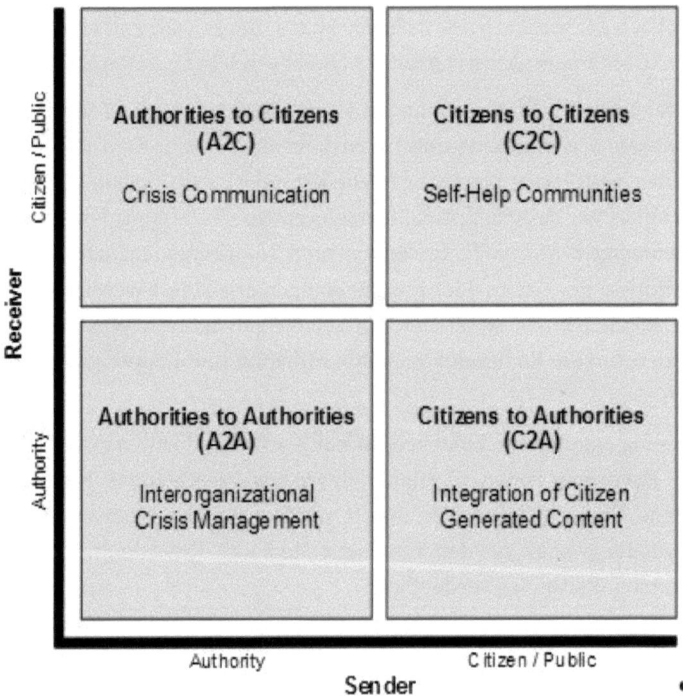

Abb. 5.1 Nutzungsmuster sozialer Medien im Krisenkontext

Erfolgt etwa der Informationsfluss von einer Behörde hin zur Öffentlichkeit, wird dies im Nutzungsmuster *Authorities to Citizens*, kurz A2C, im linken oberen Quadranten visualisiert. Die nachfolgenden Erläuterungen geben einen Überblick über die diversen Interaktionstypen und beschreiben die zugehörigen Handlungsfelder im Krisenmanagement.

Der soeben genannte Bereich A2C beschreibt die Kommunikation mit der Bevölkerung, insbesondere die aktive Krisenkommunikation und Bevölkerungswarnung. Dieser Teilbereich wurde bereits in Kapitel 4.3.4 behandelt.

Im Muster *Citizens to Citizens* wird die Selbstkoordination und -hilfe verstanden, bei der Bürgerinnen und Bürger in selbstorganisierten Gemeinschaften Aufgaben zur Krisenbewältigung verteilen, übernehmen sowie gegenseite Hilfe anbieten. Die Organisation kann sowohl physisch vor Ort, e.g. Nachbarschaftshilfe, oder virtuell, e.g. Facebook-Gruppen, stattfinden. Auf diesem Weg kann die Bevölkerung unverzügliche Maßnahmen einleiten und einen direkten Beitrag zur Krisenbekämpfung leisten. Dennoch erfolgen derartige Organisationsstrukturen meist chaotisch und führen „oftmals auch zu unnützen, schädlichen oder gefährlichen Aktivitäten" (Sackmann et al. 2018, S. 547). Grund hierführ ist die fehlende Schnittstelle zu offiziellen Krisenorganisationen, sodass keine übergeordnete Koordination möglich ist. Das hat zur Folge, dass das Helferpotenzial nicht optimal ausgeschöpft wird und im schlimmsten Fall sogar negativen Einfluss auf die Krisenbewältigung hat (Sackmann et al. 2018, S. 547).

Die Kommunikation zwischen und innerhalb behörlicher Organisationen wird im Bereich *Authorities to Authorities* zusammengefasst. Krisenorganisationen machen zu diesem Zweck zwar nicht aktiv von Social Media Plattformen wie Facebook oder Twitter Gebrauch, jedoch können diese Netzwerke dabei helfen, das „interorganisationale Bewusstsein sowie informelle Prozesse" zu verbessern (Reuter et al. 2012, S. 9-12).

Das im Rahmen dieser Arbeit relevanteste Nutzungsmuster stellt *Citizens to Authorities* dar. Hier steht die behördliche Integration von bürgergenerierten Inhalten im Vordergrund (Reuter et al. 2012, S. 9-12). Massenhafte Postings auf unterschiedlichen Social Media Plattformen führen zu großen Datenmengen, die wertvolle Informationen für Behörden liefern können. Das in Kapitel 5.2 eingeführte Gebiet der *Social Media Intelligence* nimmt sich ebendieser Herausforderung an. Außerdem bestehen durch soziale Netzwerke Möglichkeiten der Helfer-Partizipation zur Bewältigung von Krisen. Diesbezüglich können zum Beispiel Digitale Freiwillige helfen, zuverlässige Informationen an Krisenorganisationen zu liefern (siehe Kapitel 0). Der Teilbereich *Citizens to Citizens* wird aufgrund der fehlenden Koordinationsmöglichkeit nicht näher betrachtet. Gleiches gilt für den Beziehungstyp *Authorities to Authorities*, der aufgrund des fehlenden Bezugs zur Bevölkerung nicht im Fokus dieser Arbeit steht.

5.2 Social Media Intelligence

Für den Begriff *Social Media Intelligence* existiert in der Wissenschaft keine einheitliche Definition. Der Begriff wird oft mit dem Fachgebiet der *Business Intelligence* in Verbindung gebracht, welches vordergründig das Ziel verfolgt, auf Grundlage von gesammelten Daten neue Erkenntnisse zu gewinnen und damit (betriebliche) Entscheidungen zu unterstützen (Hummeltenberg 2019). Social Media Intelligence verfolgt ähnliche Absichten, mit dem Unterschied, dass die zu analysierenden Daten aus diversen Social Media Kanälen stammen und das daraus generierte Wissen (Intelligence) nicht nur im betrieblichen Kontext steht, sondern für unterschiedliche Zwecke – hier der Krisenbewältigung – genutzt werden kann.

Zeng et al. (2010, S. 13-16) definieren *Social Media Intelligence* im Zusammenhang mit *Social Media Analytics*. Letzteres zielt darauf ab, technische Werkzeuge und Frameworks zu entwickeln und zu bewerten, welche heterogene Daten von unterschiedlichen Social Media Plattformen „sammeln, überwachen, analysieren, zusammenfassen und visualisieren" (Zeng et al. 2010, S. 14). Visualisierungen werden in zahlreichen Entwicklungen mithilfe von geographischen Karten, welche mit relevanten Informationen angereichert sind, vorgenommen. Im Krisenkontext hat sich in diesem Zusammenhang der Begriff der *crisis map* etabliert (Kumar et al. 2011, S. 661-662). Diese speziellen Krisen-Karten können ein Lagebild in Echtzeit liefern und somit Krisenorganisationen oder anderen Betroffenen bei der Bewältigung unterstützen, wie beispielsweise durch eine effizientere Helferallokation in besonders betroffenen Regionen.

Während *Social Media Analytics* eher im technischen Fokus steht, versucht *Social Media Intelligence* diese Technologien zu nutzen, um neues Wissen zu generieren und Bezugsmodelle zur Entscheidungsfindung und -unterstützung zu entwickeln. Obwohl dieses Forschungsgebiet großes Potential mit praktischer Relevanz besitzt, bedarf es dennoch weiterer Forschung und Entwicklung. Insbesondere Fortschritte im Bereich Machine Learning werden hier neue Möglichkeiten bieten (Zeng et al. 2010, S. 15).

Stieglitz (2018, S. 405) fasst hingegen die beiden genannten Bereiche zu einem Forschungsgebiet – Social Media Analytics (SMA) – zusammen, in dem alle „Teilschritte von der Erlangung bis zur Interpretation von Social-Media-Daten" behandelt werden.

Die folgenden Kapitel konzentrieren sich auf technische Realisierungsansätze von Datenanalysen in sozialen Netzwerken und zeigen mögliche Anwendungsfelder. Die darauf aufbauenden Interpretationsmöglichkeiten zur Entscheidungsfindung sind meist vom individuellen Anwendungsfall abhängig.

5.2.1 Vorgehensmodell für Social Media Analytics

Infolge der stetig wachsenden Datenmengen in sozialen Netzwerken und der darin implizit enthaltenen „Weisheit der Menge", können SMA-Techniken helfen „Dynamiken und aufkommende Themen frühzeitig zu erkennen und so den Einsatz von Gegenmaßnahmen im Falle von Krisen schneller zu ermöglichen" (Zeng et al. 2010, S. 15; Stieglitz 2018, S. 418).

In einem Vorgehensmodell für Social Media Analytics beschreiben Stieglitz et al. (2014, S. 101-109) die notwendigen Teilschritte, mögliche Techniken sowie aufkommende Herausforderungen. Dies adressierend kann grob in drei Phasen eingeteilt werden: der Datenverfolgung, der Datenaufbereitung und der Datenanalyse (siehe Abbildung 5.2).

Innerhalb der Datenverfolgung (Tracking) muss festgelegt werden, nach welchen Ansätzen Daten verfolgt werden sollen. Hierbei können spezielle Stichworte in sozialen Netzwerken, spezielle Akteure oder URLs nachverfolgt werden. Zur technischen Umsetzung des Trackings stellen viele Plattformen wie Facebook oder Twitter Application Programming Interfaces (APIs) zur Verfügung, die so den Zugriff auf deren Daten erlauben. Es ist allerdings zu beachten, dass APIs zumeist Restriktionen bezüglich des erlaubten Datenzugriffs unterliegen, sodass eine unbeschränkte Sammlung nicht möglich ist. Weitere Methoden sind etwa HTML-Parsing, i.e. die Analyse von HTML-Quelltext auf Webseiten oder die Verwendung spezialisierter Programme. Laufende Änderungen an den Plattformen, Programmierschnittstellen sowie Veränderungen der Nutzerverhaltens sind dabei zentrale Herausforderungen, zumal zu jedem Zeitpunkt datenschutzrechtliche Vorgaben eingehalten werden müssen (Stieglitz et al. 2014, S. 103-107).

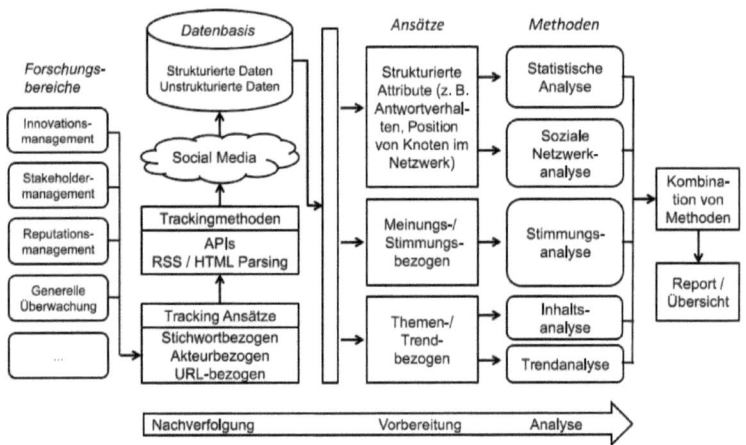

Quelle: (Stieglitz et al. 2014, S. 107)

Abb. 5.2 Vorgehensmodell für Social Media Analytics

Die erstellte Datenbasis umfasst typischerweise komplexe, heterogene Daten, die im nächsten Schritt aufzubereiten sind; in diesem Schritt können einzelne Daten entfernt oder gefiltert werden. Die Vielzahl unterschiedlicher Daten, e.g. Anzahl an Likes, Retweets, Postings mit audiovisuellen oder textuellen Inhalten, bringt meist Schwierigkeiten mit sich, die technisch zu bewältigen sind. Die vorbereitete Datenbasis bildet nun die Grundläge für die anschließende Datenanalyse.

In der Phase der Datenanalyse können verschiedene methodische Ansätze angewendet werden, die in vielen Fällen nur in kombinierter Form Lösungen für spezielle Problemstellungen liefern. Die Inhaltsanalyse (Text-Mining) kann verwendet werden, um textuelle Inhalte automatisiert auszuwerten, indem beispielsweise wichtige Schlagwörter oder Hashtags identifiziert werden. Anstatt ausschließlich immer bessere Algorithmen zu fordern, schlagen Starbird und Stamberger (2010, S. 1-5) eine Syntax für die Nutzung von krisenspezifischen Twitter-Hashtags vor, um Maschinen die Auswertung von Twitter-Postings zu erleichtern. Des Weiteren können die Stimmungsanalyse oder die Soziale Netzwerkanalyse eingesetzt werden, deren Einsatz abhängig von der jeweiligen Zielsetzung ist. Die Stimmungsanalyse – auch Sentimentanalyse – stellt automatisiert Informationen bereit, die Rückschlüsse auf die emotionale Haltung einer Person gegenüber bestimmten Themen oder Objekten liefert. Dagegen untersucht die Soziale Netzwerkanalyse die sozialen Beziehungen zwischen beteiligten Akteuren in sozialen Netzwerken. Dadurch können persönliche Rollen im Netzwerk, wie vergleichsweise „einflussreiche Nutzer oder Meinungsführer" erkannt werden sowie relevante Communities identifiziert werden (Stieglitz et al. 2014, S. 104-105).

Die Wahl des richtigen Analysewerkzeugs, zumeist Spezialprogramme, ist außerdem notwendig, um die gewünschte Aufgabe durchzuführen. Zudem muss entschieden werden, ob die Auswertung auf einer statischen Datenbasis oder andernfalls über einen längeren Zeitraum stattfinden soll (dynamische Datenanalyse) (Stieglitz et al. 2014, S. 107).

Die Autoren kommen zu dem Ergebnis, dass die SMA-Forschung enorme Möglichkeiten bietet, Krisenorganisationen oder Bürgern in Echtzeit nützliche Hinweise auf konkrete Gefahrenlagen zu geben. Trotzdem weisen die vorhandenen Techniken noch signifikante Schwächen hinsichtlich der Zuverlässigkeit und dem Erkennen von Mustern auf. Vor allem Falschinformationen, die Nutzung von Emoticons, Sarkasmus oder Umgangssprache erschweren die Evaluation. Daher bedarf es der fortlaufenden Entwicklung zusätzlicher Methoden in den Disziplinen der künstlichen Intelligenz und dem maschinellen Lernen, um jene (unstrukturierten) Daten besser beherrschen zu können und sich den dynamischen Umständen in sozialen Netzwerken anzupassen (Stieglitz et al. 2014, S. 102-105).

5.2.2 TweetTracker

Eine bekannte SMA-Anwendung, die für viele nachfolgende Projekte als Vorbild dient, ist die von Kumar et al. (2011, S. 661-662) entwickelte Anwendung *TweetTracker*. Speziell zur Unterstützung von Hilfseinrichtungen in Krisensituationen, bietet das Programm umfangreiche Möglichkeiten, Statusupdates auf Twitter – auch *Tweets* genannt – nach inhaltlichen, zeitlichen und örtlichen Kriterien zu verfolgen und zu analysieren. In dem vorgeschlagenen Architekturkonzept setzt sich das System aus den Modulen *Twitter Stream Reader*, *DataStore* und *Visualization and Analysis* zusammen.

In erstgenanntem Modul werden hierbei unter Nutzung der Twitter API kontinuierlich Tweets abgeholt und folglich im *DataStore* gespeichert. Um nur relevante Daten zu sammeln, können für jeden zu überwachenden Ereignistyp, e.g. „Hurricane Sandy", ausgewählte Stichwörter, Hashtags oder geographische Gebiete angegeben werden. So können anschließend durch den Nutzer über das *Visualization and Analysis Module* konfigurierbare Auswertungen erstellt werden, die sowohl für historische Datensätze als auch für Echtzeitdaten (Streaming) durchführbar sind.

Die Ergebnisse werden auf einer Karte präsentiert, welche durch Filtermechanismen an die Bedürfnisse des Benutzers angepasst werden kann. Tweets mit enthaltenen Standortdaten werden dabei mittels der geographischen Koordinaten visualisiert, wohingegen normale Tweets über die jeweiligen Profilinformationen lokalisiert werden. Nach Auswahl eines auf der Karte angezeigten Ereignisses, erscheint Nutzername inklusive vollständiger Statusmeldung. Als weitere Funktionalitäten sind Mechanismen zur automatischen Bewertung von Inhalten implementiert, die es erlauben, besonders aktuelle Themen zu identifizieren. Diesbezüglich dienen besonders häufig vorkommende Stichworte, Hashtags oder Hyperlinks als Anhaltspunkte für laufende Aktivitäten. Schließlich hat der Nutzer die Möglichkeit, die aufbereiteten Daten in einer Liste zu sichten und diese zu exportieren (Kumar et al. 2011, S. 661-662).

Die Entwickler von TweetTracker zählen heute in vielen wissenschaftlichen Projekten zu den Initiatoren für Social Media Analytics in Verbindung mit den so genannten *crisis maps*. Aktuellere Forschungen bedienen sich effizienterer Ansätze, wie zum Beispiel Fan et al. (2020, S. 10478-10490), die mit ihrer vorgeschlagenen „hybrid machine learning pipeline" zuverlässige Ergebnisse hinsichtlich des Verlaufs und der Ortung von Schadensereignissen erzielen können.

5.2.3 Facebook Disaster Maps

Als Betreiber des weltweit größten sozialen Netzwerks nutzt Facebook die gesammelten Nutzerdaten nicht nur für eigene Zwecke, e.g. für personalisierte Werbung, sondern möchte Hilfsorganisationen relevante Informationen in aufbereiteter Form zur Verfügung stellen, um in Krisensituationen ein besseres Lagebild zu erhalten und Entscheidungen zu erleichtern. Ein großer Vorteil liegt darin, dass die Daten nicht über etwaige externe Schnittstellen bezogen werden müssen und deshalb in vollem Umfang verarbeitet werden können.

Zahlreiche Studien zeigen, dass Social Media Plattformen auch in Krisensituationen aktiv von Betroffenen und Helfern genutzt werden (Reuter et al. 2015, S. 4101). Im Kontext der zunehmenden mobilen Nutzung übermitteln zahlreiche Smartphones und Apps präzise Standortdaten, sofern die Dienste nicht explizit deaktiviert werden. Auf Basis dieser ortsbezogenen Daten hat Facebook die *Facebook Disaster Maps* entwickelt (Maas et al. 2019, S. 836-847). In fünf verschiedenen Kartentypen wird in Echtzeit visualisiert, welche Regionen besonders betroffen sind, wohin Menschen flüchten oder an welchen Orten die Strom- und Netzversorgung eingeschränkt ist. Aufgrund der in Krisen vorherrschenden Knappheit an Zeit und Ressourcen können Hilfskräfte die Informationen der Karten nutzen, um beispielsweise an den richtigen Orten Notunterkünfte zu errichten oder Hilfsgüter zu verteilen.

Die Population Map zeigt innerhalb eines zeitlichen Intervalls, ob in Gebieten ein Zuwachs oder Rückgang der Bevölkerung zu verzeichnen ist. Während rückwärtige Entwicklungen in blauer Farbe illustriert werden, symbolisieren rote Bereiche einen Zuwachs an Menschen in einem Gebiet (siehe Abbildung 5.3). Derartige demographische Veränderungen können auf unterschiedliche Ursachen wie Evakuierungen oder Stromausfälle zurückzuführen sein, weshalb eine Kombination mit anderen Kartentypen sinnvoll ist. So geben die Movement Maps darüber Aufschluss, zwischen welchen Orten in Krisensituationen vermehrt Bewegungen stattfinden; große Völkerwanderungen können folglich leichter identifiziert und verstanden werden. Zahlreiche Nutzer mit Android-Geräten liefern neben Standortdaten zusätzliche Informationen zur aktuell verbundenen Funkzelle oder wann ein Endgerät geladen wird. Jene übermittelten Daten werden von Facebook als Indikator genutzt, um Aussagen über die örtliche Netz- und Stromversorgung zu treffen – zu diesem Zweck werden die Network Coverage Maps und die Power Availability Maps zur Verfügung gestellt. Alle vier vorstehend genannten Typen werden durch aggregierte Nutzerdaten erzeugt und verwenden jeweils eine Berechnungsmethode, in der gezählte Ereignisse zu Krisenzeiten mit Zahlen unter normalen Umständen (vor der Krise) verglichen werden. In diesem Zusammenhang finden diverse statistische Methoden Anwendung. In einer fünften Karte – den Displacement Maps – zeigen sich langfristige Verschiebungen und Umsiedlungen der Bevölkerung nach einer Krise (Maas et al. 2019, S. 839-844).

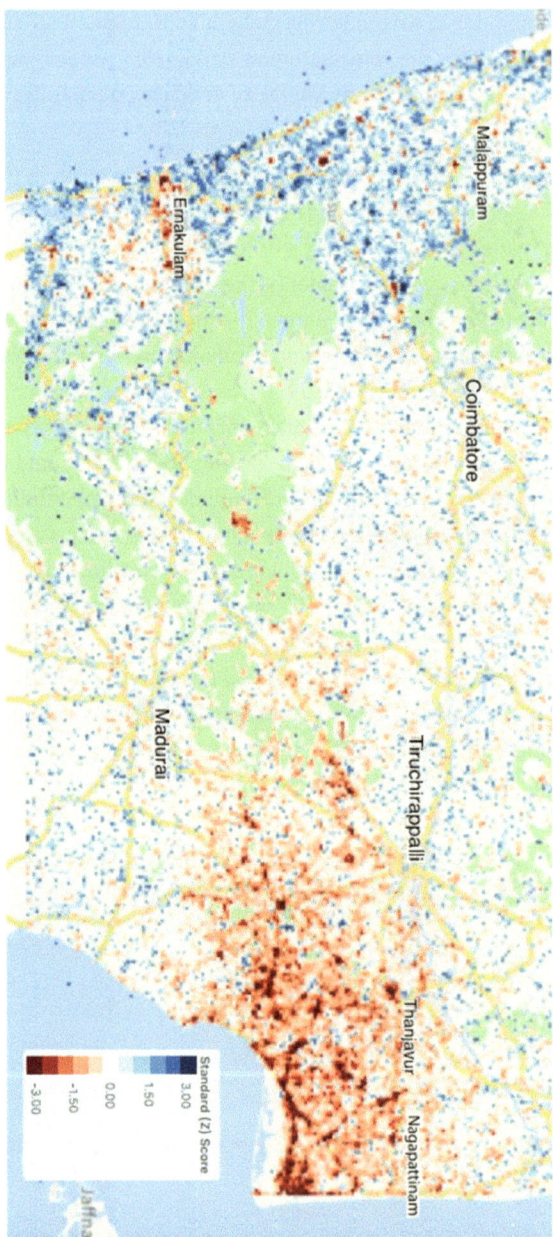

Quelle: (Maas et al. 2019, S. 839)
Abb. 5.3 Facebook Population Map nach Wirbelsturm Gaja in Indien, 2018

Zum Schutz der Privatsphäre von einzelnen Facebook-Nutzern und kleinen Gruppen, werden dedizierte Mechanismen zur Anonymisierung angewendet, um Identitäten sowie konkrete Handlungen zu verschleiern. Sämtliche Daten werden in aggregierter Form verarbeitet und weiteren Prozeduren unterzogen, welche zufällige „Störgeräusche" hinzufügen (*random noise*) oder die betroffene Region mit Daten umliegender Regionen statistisch glätten (*spatial smoothing*). Zudem werden kleinere Zählungen verworfen (Maas et al. 2019, S. 837-839).

Bereits über 30 Hilfsorganisationen arbeiten weltweit mit *Facebook Disaster Maps* zur Bekämpfung von Krisen. Zum Beispiel beobachtete die humanitäre Organisation DirectRelief während der „Thomas Waldbrände" in Kalifornien 2017 auf diese Weise das Verhalten der betroffenen Bevölkerung, um schließlich an den richtigen Stellen Atemschutzmasken verteilen zu können oder einzelne Krankenhäuser über höheres Patientenaufkommen vorzuwarnen (Maas et al. 2019, S. 845). Allerdings ist bei der Nutzung der beschriebenen Karten zu beachten, dass nur Daten von Endgeräten mit aktivierten Standortdiensten in die Darstellung einfließen und diese nur einen Teil der Realität abbilden. Außerdem können die Berechnungsverfahren von Einflüssen wie Urlaubsreisen oder Schulferien beinträchtigt werden. Aus diesen Gründen empfiehlt sich stets die kombinierte Anwendung mit anderen (traditionellen) Informationsquellen (Maas et al. 2019, S. 844-845).

5.3 Partizipation durch freiwillige Helfer

Aus unterschiedlichen Motivationsgründen wollen gewöhnlich zahlreiche freiwillige Helfer proaktiv bei der Bewältigung von Krisen mitwirken, um so professionelle Einrichtungen bei den Bekämpfungsmaßnahmen zu unterstützen. Gerade im Hinblick auf die Entwicklung neuer Technologien, eröffnen sich Freiwilligen neue Möglichkeiten der Partizipation (Sackmann et al. 2018, S. 530).

Einführend sind zwei Kategorien freiwilliger Helfer abzugrenzen. Auf der einen Seite sind *gebundene freiwillige Helfer* anzuführen, welche typischerweise als (ehrenamtliche) Mitglieder von zivilen Organisationen, e.g. dem Technischen Hilfswerk, bereits Teil der offiziellen Prozesse und Strukturen sind. Da individuelle Fähigkeiten, Wissen, zeitliche oder örtliche Verfügbarkeiten meist bekannt sind, erweist sich die Koordination von gebundenen Helfern als besonders planbar. Der Großteil der mithelfenden Bevölkerung ist allerdings zur Gruppe der *ungebundenen freiwilligen Helfer* zu zählen. Diese sind in keine Organisationsstrukturen eingebunden und agieren meist selbstorganisiert, wie beispielsweise innerhalb diverser Facebook-Gruppen, in welchen die Mitglieder aktuelle Informationen bereitstellen, untereinander Aufgaben verteilen oder Hilfeaufrufe publizieren. Aufgrund der Unabhängigkeit zu „bewährten hierarchischen Führungsstrukturen" und somit einer fehlenden übergeordneten Koordination, können unerwünschte Nebeneffekte auftreten, welche sich sogar kontraproduktiv für Krisenorganisationen auswirken können (Sackmann et al. 2018, S. 530).

Um eine aufeinander abgestimmte Zusammenarbeit zwischen Bevölkerung und Katastrophenmanagement zu erreichen, ist ein kontrollierter Informationsaustausch (Kommunikation) sowie eine Steuerung von Ressourcen und Teilaktivitäten (Koordination) notwendig. Letzteres umfasst etwa Aktivitäten wie die Planung und Terminierung von verfügbaren Ressourcen, die zentrale Aufgabenverteilung oder die Überwachung laufender Aktivitäten (Sackmann et al. 2018, S. 532-537).

Die folgenden Kapitel widmen sich daher der Fragestellung, in welcher Form soziale Netzwerke dabei helfen können, freiwillige Helfer zielgerichtet in das Katastrophenmanagement zu integrieren. Dabei wird grundlegend zwischen digitaler und physischer Hilfeleistung differenziert, die jeweils verschiedene Aktivitäten und Problemfelder adressieren.

5.3.1 Digitale Hilfeleistung

Als eine neue Form der humanitären Hilfe befassen sich viele Forschungsarbeiten mit dem Konzept der digitalen Hilfeleistung. Bedingt durch die weite Verbreitung von mobilen Endgeräten und ubiquitären Technologien, insbesondere sozialen Netzwerken, haben Bürgerinnen und Bürger die Möglichkeit, von jedem Ort aus Informationen zu veröffentlichen. In Krisensituationen neigen Betroffene und Freiwillige dazu Informationen mit Freunden oder der Öffentlichkeit zu teilen, Fotos vom Schadensort aufzunehmen oder Informationen zur aktuellen Lage zu erfassen. Relevante Informationen innerhalb der wachsenden Datenmengen sind für Krisenorganisationen von besonderem Interesse, jedoch stellt der Umfang und die Verifikation der Daten eine erhebliche Herausforderung dar. Digitale Freiwillige (*Digital Volunteers*) erbringen im Allgemeinen digitale Leistungen und können die professionellen Stellen des Krisenmanagements in Entscheidungsprozessen unterstützen, indem sie wichtige Informationen aus verschiedenen Quellen – zumeist sozialen Netzwerken – extrahieren. Hierbei generieren, sammeln, selektieren und verifizieren Digital Volunteers verfügbare Informationen und stellen diese in aggregierter Form zur Verfügung, nicht selten in Form von *crisis maps* (Friedrich und Fathi 2018, S. 521-522). In diesem Zusammenhang können Freiwillige Technologien und Tools verwenden, die sich der in Kapitel 5.2 eingeführten Methoden bedienen, um beispielsweise Teilschritte ihrer Analyse zu automatisieren oder Ergebnisse abzugleichen. Eine dezentrale Arbeitsweise durch den Einsatz moderner Informationssysteme ist außerdem charakteristisch (Sackmann et al. 2018, S. 533).

Im Sinne der in Kapitel 0 eingeführten Kategorisierung freiwilliger Helfer, kann auch innerhalb der Digital Volunteers in diese beiden Klassen unterteilt werden. Gebundene digitale Helfer sind integraler Bestandteil von offiziellen Organisationsstrukturen im Krisenmanagement. Mitglieder dieser virtuellen Vereinigungen sind meist registriert und geschult, wodurch zuverlässige und qualitative Ergebnisse bereitgestellt werden können. Als prominentes Beispiel sind *Virtual Operation Support Teams (VOST)* anzuführen, welche sich aus ausgewählten, vertrauten Digital Volunteers zusammensetzen und direkt an zuständige Krisenstäbe berichten. In Deutschland wurde im September 2018 das Virtual Operation Support Team Baden-Württemberg, kurz „VOSTbw", gegründet, welches in Großschadenslagen die Aktivitäten in sozialen Netzwerken überwacht, Inhalte analysiert und in aufbereiteter Form weiterleitet (Ministerium für Inneres, Digitalisierung und Migration Baden-Württemberg 2018).

Ungebundene digitale Helfer agieren unabhängig von offiziellen Strukturen und teilen Inhalte jeglicher Art, die eine vermeintliche Unterstützung bei der Krisenbewältigung bieten sollen. Diese Digital Volunteers sind oftmals spontan angetrieben und nutzen Social-Media-Kanäle zur Vernetzung und Kommunikation nach außen. Es ist hierbei durchaus möglich, dass einzelne „Spontanhelfer bereits nach kurzer Zeit organisatorische Strukturen bilden", um eine effizientere Zusammenarbeit zu erreichen (Friedrich und Fathi 2018, S. 524). Im Kontrast hierzu sind auch Ansätze des Crowdsourcings zu erwähnen, welche sich das Wissen der breiten Masse der Bevölkerung zunutze machen und enorme Möglichkeiten einer umfassenden Informationsgewinnung eröffnen. Der Begriff Crowdsourcing beschreibt zunächst im Grundsatz eine digitale Form der Arbeitsorganisation, bei der Einrichtungen „über das Internet auf das Wissen, die Kreativität, die Arbeitskraft und die Ressourcen einer grossen Masse an Teilnehmern zugreifen", um ein übergeordnetes Ziel zu erreichen (Blohm und Bretschneider 2016). Im Falle von Katastrophenlagen können somit (beliebige) Freiwillige aus der Bevölkerung digitale Aufgaben übernehmen und beispielsweise direkt über mobile Endgeräte Informationen sammeln, bewerten und verbreiten; vergleichsweise über soziale Netzwerke, Web-Formulare oder spezielle Crowdsourcing-Anwendungen wie Ushahidi (Gao et al. 2011, S. 11-14). So kann einerseits die Ausbreitung von Schäden erfasst und bewertet werden und andererseits relevante Lageinformationen in Echtzeit erhoben werden. Fuchs-Kittowski (2018, S. 553-555) beschreibt diese Form der virtuellen Hilfeleistung als *Mobiles Crowdsensing*, wobei die Freiwilligen als „human sensors" agieren und damit die Aufgaben von technischen Sensoren zur Datensammlung übernehmen. Das Crowdsensing beschränkt sich bei der Erhebung von Daten nicht ausschließlich auf manuell erzeugte Berichte, sondern umfasst ebenso die automatisierte Übermittlung von Daten eingebauter oder angeschlossener Sensoren, e.g. das GPS-Modul in Smartphones (Fuchs-Kittowski 2018, S. 553).

Da ungebundene Freiwillige bei der digitalen Hilfeleistung keinen zentralen Steuerungsmechanismen unterliegen und daher ein zielgerichteter Einsatz nur begrenzt möglich ist, ergeben sich einige Herausforderungen, um eine effektive Koordination zwischen Helfern und Krisenorganisationen zu erreichen. Hughes und Tapia (2015, S. 679-706) versuchen diesbezüglich die Problemfelder bei der Integration von digitalen Freiwilligen herauszuarbeiten und schlagen Möglichkeiten vor, wie die Koordination zwischen beiden Parteien verbessert werden kann. Die fundamentalen Herausforderungen können in zwei Kategorien unterteilt werden.

Datenqualität und Vertrauen

Unter den Umständen der in sozialen Netzwerken oftmals umkreisenden Fake News oder unqualifizierten Beiträgen, fällt es Organisationen schwer, die Massen an Freiwilligen und deren zur Verfügung gestellten Informationen zu verifizieren. Aus diesem Grund müssen Krisenstäbe zwingend in der Lage sein, Vertrauen zu Digital Volunteers aufzubauen. Zudem ist eine zuverlässige, konstante Datenqualität erforderlich, um so die Richtigkeit und Rechtmäßigkeit einzelner Informationen sicherzustellen. Aufgrund mangelnder Authentifikationsverfahren sind Krisenorganisationen meist nicht bereit, Daten klassischer sozialer Netzwerke in die Bekämpfungs- und Entscheidungsprozesse einfließen zu lassen (Hughes und Tapia 2015, S. 688-689).

Berücksichtigung organisationaler Bedürfnisse

Unabhängig von der Qualität der gelieferten Informationen sind die Bedürfnisse der wirkenden Krisenorganisation stets zu berücksichtigen. So können in unterschiedlichen Krisen und Situationen diverse Informationsbedarfe entstehen, die es zu befriedigen gilt. Aus diesem Grund müssen Digital Volunteers Daten in der richtigen Zeit und Form liefern, wie diese im Kontext der vorzutreffenden Situation notwendig sind. Darüber hinaus spielt der Umfang der bereitgestellten Daten eine erhebliche Rolle, da die maximal verwertbare Datenmenge durch zeitliche und physische Aspekte determiniert ist. Abgesehen von den Anforderungen an die freiwilligen Helfer, müssen Organisationen selbst imstande sein, den Dateninput in verwertbares Wissen zu transformieren. Auch innerhalb dieser Problemklasse zeigt sich, dass sich geläufige Social Media Plattformen aufgrund der fehlenden organisationalen Ausrichtung nicht als Datenquelle eignen (Hughes und Tapia 2015, S. 689-691).

Als einen möglichen Lösungsansatz, welcher die genannten Problemfelder adressiert, schlagen Hughes und Tapia (2015, S. 694-695) ein zugangsbeschränktes soziales Netzwerk vor. Binnen dieses geschlossenen Netzwerks agieren nur Digital Volunteers, welche vorab von der zuständigen Organisation geprüft und akzeptiert werden; hier sind die individuellen Fähigkeiten für eine Aufnahme ausschlaggebend. Mit dieser Art der Registrierung können über das Netzwerk vertrauenswürdige, qualitative Informationen ausgetauscht werden, die den jeweiligen Institutionen eine zentrale Sicht offerieren und folglich in etwaige Bekämpfungsstrategien integriert werden können. Allerdings kann die geschlossene Art typische Netzwerkeffekte sozialer Medien derart einschränken, sodass infolge der relativ geringen

Teilnehmerzahl Daten nicht skalieren können. Aus diesem Grund liegt es in der Verantwortung der gesamten Gemeinschaft, das Netzwerk zu pflegen und aktiv mitzuwirken.

Um eine effektive Koordination zwischen virtueller und realer Ebene erwirken zu können, fordern die Autoren von beiden Parteien eine kontinuierliche Fortentwicklung. Digitale Freiwillige müssen sich trotz einer initialen Registrierung Vertrauen erarbeiten, indem stetig konsistente und zuverlässige Informationen geliefert werden, die zugleich von der Krisenorganisation unter den vorherrschenden Umständen leicht verwertbar sind. Außerdem ist es förderlich, wenn Helfer beständige Strukturen schaffen, e.g. die Festlegung einer dauerhaft verfügbaren Stammbelegschaft, die Entwicklung von Methoden zur Datenanalyse oder die Schulung von neuen Mitgliedern. Hingegen muss auf Seite der offiziellen Einrichtungen begonnen werden, sich auf externe, inoffizielle Datenquellen (i.e. auf Digital Volunteers) zu verlassen und nicht nur in Krisenzeiten, sondern vor allem zwischen Krisensituationen zusammenzuarbeiten. So können interne Abläufe oder gewünschte Datenformate rechtzeitig bekannt gemacht werden, damit die Helfergruppen die zu liefernden Informationen gezielt produzieren können. Schließlich bleibt festzuhalten, dass eine bidirektionale Kommunikation unabdingbar ist, um eine zielführende Koordination sicherzustellen und in letzter Konsequenz die Zusammenarbeit zu optimieren (Hughes und Tapia 2015, S. 698-701).

5.3.2 Koordination physischer Helfer

Hilfsbereite Personen in der Bevölkerung möchten sich nicht nur virtuell einbringen (siehe Kapitel 5.3.1), sondern können insbesondere physische Aufgaben übernehmen. Zu diesen zählt vor allem körperliche Arbeit vor Ort, wie zum Beispiel das Befüllen von Sandsäcken oder die Verpflegung der örtlichen Hilfskräfte (Sackmann et al. 2018, S. 533).

Auch in diesem Bereich der Hilfeleistung kann in gebundene und ungebundene physische Helfer klassifiziert werden. Während gebundene physische Helfer bereits in die Struktur von Hilfsorganisationen eingebunden sind und daher nutzbringend koordiniert werden können, organisieren sich ungebundene physische Helfer oft selbst (Nutzungsmuster C2C; siehe Kapitel 5.1) und agieren spontan und unabhängig von den Prozessen des Katastrophenmanagements. Dies kann unter Umständen zu gefährlichen und nutzlosen Hilfsaktivitäten führen, wie etwa bei den Hochwasserlagen in Mitteleuropa 2013, bei denen zahlreiche Freiwillige eigenständig „von einem Einsatzort zum nächsten zogen" und dabei „überfüllte oder abgearbeitete" Gebiete vorfanden, während andere Standorte vergebens auf zusätzliche Hilfe warteten (Hofmann et al. 2014, S. 29).

Aus diesem Grund besteht auch hier die Notwendigkeit, einen zentralen Koordinationsmechanismus zu schaffen, sodass offizielle Einrichtungen (potenzielle) freiwillige Helfer zielgerichtet, unter Beachtung der persönlichen Fähigkeiten, vorhandenem Wissen sowie zeitlicher und örtlicher Verfügbarkeiten, vor Ort einsetzen können. Diese Form des Crowdsourcings bezeichnet Fuchs-Kittowski (2018, S. 553-554) als mobiles Crowdtasking, wobei Freiwillige der Bevölkerung (crowd) körperliche Aufgaben „übernehmen, ausführen und darüber berichten". Da die Menge an Hilfsgesuchen und -angeboten in Krisenzeiten schnell ansteigen kann, ist eine manuelle Zuordnung von Aufgaben zu Aufgabenträgern oft schwierig. Aus diesem Grund empfehlen sich automatisierte Ansätze, welche zu erledigende Aufgaben dynamisch an Freiwillige verteilen (Hofmann et al. 2014, S. 32).

Soziale Netzwerke können zwar genutzt werden, um einzelne Hilfsgesuche zu platzieren, allerdings müssen im Voraus mögliche negative Auswirkungen antizipiert werden, welche unter Umständen zu einer unkontrollierten Helfersituation führen würden. Informationen zu persönlichen Fähigkeiten, zeitlichen und örtlichen Verfügbarkeiten oder vorhandene Ausrüstung liegen Krisenorganisationen über soziale Netzwerke meist nicht vor; insofern kann bei der enormen Menge potenzieller Helferkandidaten keine effektive Automatisierung über derartige Kommunikationskanäle erreicht werden. Ein systematischer Einsatz von sozialen Medien zur Koordination ungebundener physischer Helfer bietet sich also nicht an (Hofmann et al. 2014, S. 30-31).

Vielmehr empfehlen sich appbasierte Koordinationssysteme wie Hands2Help oder KATRETTER, die es erlauben aktuelle Hilfsgesuche an konkrete Hilfsangebote automatisiert zu vermitteln. Hands2Help fungiert etwa als Intermediär zwischen offiziellen Kriseneinrichtungen und Helfern, indem Daten beider Parteien gesammelt werden und mithilfe eines „multikriteriellen Mapping-Algorithmus" Angebot und Nachfrage gezielt vermittelt wird. Durch die einfache und schnelle mobile Registrierung wird ebenso die ad-hoc Allokation von Spontanhelfern ermöglicht (Hofmann et al. 2014, S. 33-34; Fraunhofer FOKUS oJ).

6 Fazit

Die bisherigen Ausführungen nehmen sich der Fragestellung an, welche Informationssysteme im Katastrophenschutz heute existieren und auf welche Art diese genutzt werden (können). Außerdem wird geklärt, ob soziale Medien einen aktiven Beitrag zur Krisenbewältigung leisten können und welche Anwendungsmöglichkeiten diese eröffnen.

Nach einer einführenden Vermittlung diverser Grundlagen zu Katastrophen und Informationssystemen, werden im Prozess der Bevölkerungswarnung vorhandene Systeme und Einrichtungen genauer untersucht. Der Bereich der Inputquellen zeigt, dass neben traditionellen Auslösestrukturen die Bereiche Sensorik und Social Media enormes Potential zur Früherkennung von Krisen mitbringen. Ebenso können altbewährte Methoden, e.g. das Absetzen von Notrufen durch Technologien wie AML nutzbringend erweitert werden, um so genauere Informationen zu erhalten. Innerhalb der Outputquellen werden Informationssysteme zum Zwecke der unmittelbaren Bevölkerungswarnung hinsichtlich ihres Weckeffekts, des möglichen Informationsgehalts sowie der Reichweite und Ausfallsicherheit bewertet. Zentrale Ergebnisse sind hierbei, dass konventionelle Systeme wie Sirenen zwar effektiv anwendbar sind, jedoch mangelt es in Deutschland an einer einheitlichen, bundesweiten Nutzung und Kommunikation. Neuartige Warnkanäle wie Cell-Broadcasts, Warn-Apps und Social Media bieten umfassendere Informationsmöglichkeiten, die sich allerdings aufgrund des fehlenden Weckeffekts und der starken Abhängigkeit zu örtlichen Netzinfrastrukturen nicht zur alleinigen Warnung eignen. Insbesondere im Bereich der Warn-Apps bedarf es einer Konsolidierung von zahlreichen im Umlauf befindlichen Anwendungen, sodass letztlich eine Applikation alle wichtigen Informationen liefert und die Bevölkerung dahingehend zur Nutzung motiviert wird. Soziale Medien haben sich trotz großer Reichweite und Informationsgehalt ebenfalls als ineffektiver Warnkanal herausgestellt. Vielmehr sollen diese Plattformen zur proaktiven und präventiven Kommunikation vor und nach Katastrophen genutzt werden.

Insgesamt bleibt im gesamten Input-Output-System der Bevölkerungswarnung festzuhalten, dass traditionelle Systeme weiter gepflegt und verbessert werden sollten und durch moderne Technologien zu ergänzen sind. Durch kombinierte Verwendung vorhandener Kanäle kann im Ergebnis eine effektive und konsistente Warnung stattfinden sowie mögliche negative Auswirkungen reduziert werden.

Im nächsten Teil wird das Potential von sozialen Netzwerken bei der Bewältigung von Krisen untersucht. Derartige Plattformen bergen riesiges Informationsmaterial, welches in Krisensituationen zielgerichtet verwertet werden kann. Im Rahmen der Methoden der Social Media Intelligence wird ein Vorgehensmodell zur strukturierten und automatisierten Auswertung massenhafter Nutzerdaten vorgeschlagen.

Anwendungen wie *TweetTracker* oder *Facebook Disaster Maps* verwerten diese Datenmengen, um etwa mithilfe von *crisis maps* wertvolle Lageinformationen in Echtzeit bereitzustellen. Auf diese Weise können Krisenorganisationen bei oftmals zeitkritischen Entscheidungen gezielt unterstützt werden.

Außerdem wird geklärt, inwiefern Social Media Plattformen bei der Auswahl und Einbindung von freiwilligen Helfern eingesetzt werden können. Gebundene Helfer sind bereits integraler Bestandteil von offiziellen Strukturen im Krisenmanagement und können planbare und wertvolle Unterstützung liefern, wohingegen sich ungebundene Freiwillige oft über soziale Netzwerke selbst organisieren und eigenmächtige, unabhängige Entscheidungen treffen. Es hat sich gezeigt, dass sich diese Selbstorganisation – sowohl bei der digitalen als auch physischen Hilfeleistung – problematisch darstellt. Deshalb bedarf es einer Integration in offizielle Entscheidungsstrukturen, sodass das Helferpotential optimal ausgeschöpft werden kann. Im Bereich der digitalen Hilfeleistung wird diesbezüglich ein Lösungsansatz diskutiert, welcher mithilfe eines zugangsbeschränkten sozialen Netzwerks eine übergeordnete Koordination ermöglicht und zugleich die hier typischen Vertrauens- und Qualitätsproblematiken beseitigt. Vertraute Digital Volunteers können so zuverlässig digitale Aufgaben übernehmen und sich ebenfalls der Praktiken der Social Media Intelligence, respektive Social Media Analytics, bedienen.

Hingegen eignen sich soziale Medien nur begrenzt zur Einbindung ungebundener physischer Helfer. Da persönliche Fähigkeiten, vorhandene Ausrüstung und Verfügbarkeiten über diesen Kanal meist nicht bekannt sind, empfiehlt sich stattdessen die Verwendung dedizierter Anwendungen wie das appbasierte Hands2Help. Derartige Systeme unterstützen außerdem eine automatisierte Helferkoordination, während soziale Netzwerke diese Optionen nicht bieten. Eine Implementierung von Helferfunktionen in bestehende Warn-Apps ist empfehlenswert.

Schließlich zeichnet sich ab, dass soziale Medien ein erhebliches Potential hinsichtlich der Informationsbereitstellung und Entscheidungsunterstützung in sämtlichen Phasen des Katastrophenmanagements umfassen, welches letztlich nutzbar gemacht werden muss. Die vorangegangenen Darlegungen heben die Möglichkeiten in der Krisenfrüherkennung, der Krisenkommunikation, der Datenanalyse sowie der Integration von Freiwilligen hervor. Infolge kontinuierlich steigender Nutzerzahlen und neuer technologischer Entwicklungen wird der Einsatz von Social Media im Krisenkontext als offenes Forschungsfeld identifiziert.

7 Limitationen und Ausblick

Informationssysteme finden in jeder Phase des Katastrophenmanagements zahlreiche Anwendungsfälle. Jedoch werden in dieser Arbeit einige Schwerpunkte und thematische Eingrenzungen vorgenommen, die im Kontext des Forschungsziels relevant sind.

Im Prozess der Bevölkerungswarnung (Kapitel 4) werden vornehmlich die krisenauslösenden Systeme sowie die diversen Warnkanäle zur Bevölkerung erläutert. Die inter- und intraorganisationalen Informationssysteme und Strukturen (Input-Verarbeitung) stehen hingegen nicht im Fokus der Arbeit. In Krisen sind verschiedene Nutzungsmuster von sozialen Medien feststellbar, welche die Interaktionsmöglichkeiten zwischen Bürgern und Behörden in einer Matrix zusammenfassen. Die Ausführungen konzentrieren sich vor allem auf Schnittstellen zwischen Bevölkerung und Krisenorganisationen, i.e. den Nutzungsmustern A2C und C2A. Außerdem ist anzumerken, dass die aufgezeigten Technologien sowie konkreten Systeme nur eine Schnittmenge der heute realisierbaren Möglichkeiten darstellen; daher beschränkt sich diese Arbeit auf die im Literaturverzeichnis referenzierten Quellen. Im Hinblick auf behandelte Themenbereiche wie vergleichsweise mobile Apps oder Analyseanwendungen, stehen funktionale Anforderungen und Eigenschaften im Vordergrund; Aspekte zu Usability, User Experience und Datenschutz werden hierbei nicht vollständig berücksichtigt.

Für die Zukunft bleibt zu erwarten, dass der technische Fortschritt und die Digitalisierung sämtliche Teilbereiche des Katastrophenmanagements weiter durchdringen werden. Vor allem in Bezug auf die algorithmische Auswertung von Daten in sozialen Netzwerken werden zuverlässigere und effizientere Techniken benötigt, um Schadensereignisse frühzeitiger zu erkennen, wichtige Informationen in Echtzeit zu gewinnen oder kritische Entscheidungen zu erleichtern. Insbesondere neuartige Ansätze zu Big-Data-Analysen von unstrukturierten Daten wie etwa Bildern oder Videos bieten ein außerordentliches Hilfspotential in Krisen. Dieser Herausforderungen müssen sich noch weitere Forschungsarbeiten annehmen. Darüber hinaus müssen Algorithmen derartig verbessert werden, sodass in sozialen Netzwerken umkreisende Falschnachrichten oder platzierte Propaganda besser erkannt werden, um in letzter Konsequenz die Reaktionszeiten zu verkürzen. Jene technologischen Weiterentwicklungen sind dabei unbedingt in Konformität zu geltenden Datenschutzbestimmungen umzusetzen, sodass eine Balance zwischen Zweckhaftigkeit und Privatsphäre erreicht werden kann. Es liegt sowohl im Interesse der Bevölkerung als auch der involvierten Einrichtungen, die Widerstandsfähigkeit in Krisen weiter zu verbessern und so die Welt von morgen etwas besser und sicherer zu gestalten. Diese natürlichen Treiber werden dafür sorgen, dass weitere nutzbringende Verbesserungen und Innovationen ihren Platz im Krisenmanagement finden.

Literaturverzeichnis

Alejandre J, Araujo A, Cuesta-Frau D, Molina-Pico A, Rozas A (2016) Forest monitoring and wildland early fire detection by a hierarchical wireless sensor network. Journal of Sensors 2016:1-8. doi: 10.1155/2016/8325845.

Allen RM, Kong Q, Lv Q (2019) Earthquake Early Warning and Beyond: Systems Challenges in Smartphone-based Seismic Network. HotMobile 19: Proceedings of the 20th international workshop on mobile computing systems and applications 2019:57-62. doi: 10.1145/3301293.3302377.

Bahir E, Peled A (2015) Real-Time Major Events Monitoring and Alert System through Social Networks. Journal of Contingencies and Crisis Management 23(4):210-220. doi: 10.1111/1468-5973.12087.

Blohm I, Bretschneider U (2016) Crowdsourcing. In: Enzyklopädie der Wirtschafts-informatik. https://www.enzyklopaedie-der-wirtschaftsinformatik.de/wi-enzyklopaedie/lexikon/uebergreifendes/digitale-arbeit/crowdsourcing. Abruf am 2020-01-30.

Bundesamt für Bevölkerungsschutz und Katastrophenhilfe (2018) BBK-Glossar. https://www.bbk.bund.de/SharedDocs/Downloads/BBK/DE/Publikationen/Praxis_Bevoelkerungsschutz/Glossar_2018.pdf?_blob=publicationFile. Abruf am 2019-12-23.

Bundesamt für Bevölkerungsschutz und Katastrophenhilfe (2018a) Warnung. Bevölkerungsschutz 2018(1):3-36.

Bundesamt für Bevölkerungsschutz und Katastrophenhilfe (2019) CBRN-Schutz. https://www.bbk.bund.de/DE/AufgabenundAusstattung/CBRNSchutz/cbrnschutz_node.html. Abruf am 2020-01-03.

Bundesamt für Bevölkerungsschutz und Katastrophenhilfe (2019a) Grundlagen Krisenmanagement. https://www.bbk.bund.de/DE/AufgabenundAusstattung/Krisenmanagement/GrundlagenKrisenmanagement/grundlagenkrisenmanagement_node.html. Abruf am 2020-01-06.

Bundesamt für Bevölkerungsschutz und Katastrophenhilfe (2019b) Warnung der Bevölkerung. https://www.bbk.bund.de/DE/AufgabenundAusstattung/Krisenma
nagement/WarnungderBevoelkerung/warnungderbevoelke-
rung_node.html. Abruf am 2020-01-09.

Bundesamt für Bevölkerungsschutz und Katastrophenhilfe (2019c) Das Modulare Warnsystem (Mo-
WaS). https://www.bbk.bund.de/DE/AufgabenundAusstattung/Krisenma
nagement/WarnungderBevoelkerung/MoWaS/ModularesWarnsys-
tem_node.html. Abruf am 2020-01-12.

Bundesamt für Bevölkerungsschutz und Katastrophenhilfe (2019d) Wie Werde
ich ge-
warnt? https://www.bbk.bund.de/DE/AufgabenundAusstattung/Krisenm
anagement/WarnungderBevoelkerung/Wie_werde_ich_ge-
warnt/Wie_werde_ich_gewarnt_einstieg.html. Abruf am 2020-01-16.

Bundesamt für Bevölkerungsschutz und Katastrophenhilfe (2019e) Warn-App
NINA: 5 Millionen Nutzerinnen und Nutzer.
https://www.bbk.bund.de/SharedDocs/Kurzmeldun-
gen/BBK/DE/2019/06/NINA_5Mio_Nutzer.html. Abruf am 2020-01-17.

Bundesamt für Sicherheit in der Informationstechnik (2019) Die Lage der IT-
Sicherheit in Deutschland 2019. Broschüre, Bundesamt für Sicherheit und
Informationstechnik.

Bundesministerium des Innern (2014) Leitfaden Krisenkommunikation. Broschüre, Bundesministerium des Innern.

CRED (2019) EM-DAT: the emergency events database.
https://www.emdat.be/emdat_db. Abruf am 2019-12-19.

DataReportal, Hootsuite, We Are Social (2019) Ranking der größten sozialen
Netzwerke und Messenger nach der Anzahl der monatlich aktiven Nutzer
(MAU) im Januar 2019. In: Statista. https://de.statista.com/statistik/da-
ten/studie/181086/umfrage/die-weltweit-groessten-social-networks-
nach-anzahl-der-user. Abruf am 2020-01-22.

Deutscher Wetterdienst (oJ) Aufgaben des DWD.
https://www.dwd.de/DE/derdwd/aufgaben/aufgaben_node.html. Abruf
am 2020-01-09.

Dudenredaktion (oJ) Krise auf Duden online. https://www.duden.de/recht-schreibung/Krise. Abruf am 2019-12-23.

European Emergency Number Association (oJ) Advanced Mobile Location. https://eena.org/advanced-mobile-location. Abruf am 2020-01-09.

Europäische Kommission (2019) Implementation of the single european emergency number 112 – results of the twelfth data-gathering round. Report, Europäische Kommission.

Fan C, Wu F, Mostafavi A (2020) A hybrid machine learning pipeline for automated mapping of events and locations from social media in disasters. IEEE Access 2020(8):10478-10490. doi: 10.1109/ACCESS.2020.2965550.

Federal Communications Commission (2019) Emergency Alert System (EAS). https://www.fcc.gov/consumers/guides/emergency-alert-system-eas. Abruf am 2020-01-12.

Ferstl OK, Sinz EJ (2013) Grundlagen der Wirtschaftsinformatik, 7. Auflage. Oldenbourg, München.

Fraunhofer-Institut für Offene Kommunikationssysteme FOKUS (oJ) KATRETTER – Jede Hilfe hilft! https://katretter.de. Abruf am 2020-01-17.

Fraunhofer-Institut für Offene Kommunikationssysteme FOKUS (2019) Presse-mitteilung: Warn-Apps NINA und KATWARN zeigen gleiche Gefahrenmel-dungen. https://www.fokus.fraunhofer.de/de/fokus/presse/katwarn-nina-gefahrenwarnungen_2019_01. Abruf am 2020-01-17.

Friedrich F, Fathi R (2018) Humanitäre Hilfe und Konzepte der digitalen Hilfe-leistung. In: Reuter C (Hrsg) Sicherheitskritische Mensch-Computer-Inter-aktion. Springer, Wiesbaden, 511-528.

Fuchs-Kittowski F (2018) Mobiles Crowdsourcing zur Einbindung freiwilliger Helfer. In: Reuter C (Hrsg) Sicherheitskritische Mensch-Computer-Interak-tion. Springer, Wiesbaden, 551-572.

Gao H, Barbier G, Goolsby R (2011) Harnessing the crowdsourcing power of so-cial media for disaster relief. IEEE Intelligent Systems 26(3):10-14. doi: 10.1109/MIS.2011.52.

Gutteling JM, Terpstra T, Kerstholt JH (2018) Citizens' adaptive or avoiding behavioral response to an emergency message on their mobile phone. Journal of Risk Research 21(12):1579-1591. doi: 10.1080/13669877.2017.1351477.

Hughes AL, Tapia AH (2015) Social media in crisis: when professional responders meet digital volunteers. Journal of Homeland Security and Emergency Management 12(3):679-706. doi: 10.1515/jhsem-2014-0080.

Hummeltenberg W (2019) Business Intelligence. In: Enzyklopädie der Wirtschaftsinformatik. https://www.enzyklopaedie-der-wirtschaftsinformatik.de/lexikon/ daten-wissen/Business-Intelligence. Abruf am 2020-01-23.

Hansen HR, Neumann G (2009) Wirtschaftsinformatik 1. Grundlagen und Anwendungen, 10. Auflage. Lucius & Lucius UTB, Stuttgart.

Heinrich LJ, Heinzl A, Riedl R (2011) Wirtschaftsinformatik. Einführung und Grundlegung, 4. Auflage. Springer, Heidelberg.

Hofmann M, Betke HJ, Sackmann S (2014) Hands2Help – Ein App-basiertes Konzept zur Koordination Freiwilliger Helfer. i-com 13(1):29-36. doi: 10.1515/icom-2014-0005.

Integrierte Leitstelle Freiburg-Breisgau-Hochschwarzwald (2019) Standortdaten beim Notruf 112. https://ils-freiburg.de/standortdaten.php. Abruf am 2020-01-09.

Jagtman HM (2009) Cell broadcast trials in the netherlands: using mobile phone technology for citizens' alarming. Reliability Engineering and System Safety 2010(95):18-28. doi: 10.1016/j.ress.2009.07.005.

Khan H, Vasilescu LG, Khan A (2008) Disaster management cycle – a theoretical approach. Management and Marketing 6(1):43-50.

Klafft M (2018) Die Warnung der Bevölkerung im Katastrophenfall. In: Reuter C (Hrsg) Sicherheitskritische Mensch-Computer-Interaktion. Springer, Wiesbaden, 319-336.

Kumar S, Barbier G, Abasi MA, Liu H (2011) TweetTracker: An Analysis Tool for Humanitarian and Disaster Relief. In: Proc 5th International AAAI Conference on Weblogs and Social Media, Barcelona, S 661-662.

Lauterjung J, Munch U, Rudloff A (2010) The challenge of installing a tsunami early warning system in the vicinity of the sunda arc, indonesia. Natural Hazards and Earth System Sciences 10(4):641-646.

Maas P, Iyer S, Gros A, Park W, McGorman L, Nayak C, Dow PA (2019) Facebook Disaster Maps: aggregate insights for crisis response & recovery. In: Franco Z, Gonzalez JJ, Canos JH (Hrsg) Proc 16th ISCRAM Conference, Valencia, S 836-847.

Ministerium für Inneres, Digitalisierung und Migration Baden-Württemberg (2018) Pressemitteilung: Bevölkerungsschutz im digitalen Zeitalter: Start des sogenannten Virtual Operations Support Teams Baden-Württemberg. https://im.baden-wuerttemberg.de/de/service/presse-und-oeffentlich-keitsarbeit/pressemitteilung/pid/bevoelkerungsschutz-im-digitalen-zeit-alter-start-des-sogenannten-virtual-operations-support-teams-ba. Abruf am 2020-01-30.

Ministerium für Umwelt, Klima und Energiewirtschaft Baden-Württemberg (oJ) Kernreaktorfernüberwachung (KFÜ). https://um.baden-wuerttem-berg.de/de/umwelt-natur/kernenergie-und-strahlenschutz/strahlen-schutz/ueberwachung-der-radioaktivitaet/kernreaktorfernueberwa-chung-kfue. Abruf am 2020-01-10.

Nestler S (2010) Design, implementation and evaluation of user-interfaces for lifethreatening, time-critical and unstable situations. Dissertation, Technische Universität München.

Reuter C, Kaufhold MA, Leopold I, Knipp H (2017) KATWARN, NINA, or FEMA? Multi-method study on distribution, use, and public views on crisis apps. In: Proc 25th European Conference on Information Systems (ECIS), Guimaraes, S 2187-2201.

Reuter C, Kaufhold MA, Ludwig T, Spielhofer T (2016) Emergency services' attitudes towards social media: a quantitative and qualitative survey across Europe. International Journal of Human-Computer Studies 95:96-111. doi: 10.1016/j.ijhcs.2016.03.005.

Reuter C, Ludwig T, Kaufhold MA, Pipek V (2015) XHELP: Design of a cross-plattform social-media application to support volunteer moderators in disasters. In: Proc 33rd Annual ACM Conference on Human Factors in Computing Systems (CHI), New York, S 4093–4102.

Reuter C, Marx A, Pipek V (2012) Crisis Management 2.0: Towards a systemati-
zation of social software use in crisis situations. International Journal of
Information Systems for Crisis Response and Management 4(1):1-16. doi:
10.4018/jiscrm.2012010101.

Sackmann S, Lindner S, Gerstmann S, Betke H (2018) Einbindung ungebunde-
ner Helfer in die Bewältigung von Schadensereignissen. In: Reuter C
(Hrsg) Sicherheitskritische Mensch-Computer-Interaktion. Springer,
Wiesbaden, 529-549.

Stieglitz S (2019) Social Media. In: Enzyklopädie der Wirtschaftsinformatik.
https://www.enzyklopaedie-der-wirtschaftsinformatik.de/wi-enzyklopa-
edie/lexikon/daten-wissen/Wissensmanagement/Soziales-Netz-
werk/Social-Media. Abruf am 2020-01-22.

Stieglitz S, Dang-Xuan L, Bruns A, Neuberger C (2014) Social Media Analytics:
Ein interdisziplinärer Ansatz und seine Implikationen für die Wirtschaftsinformatik. Wirtschaftsinformatik 2014(2):101-109. doi:
10.1007/s11576-014-0407-5.

Webster J, Watson R (2002) Analyzing the past to prepare for the future: writ-
ing a literature review. MIS Quarterly 26(2):13-23.

Welsch C (2010) Organisationale Trägheit und ihre Wirkung auf die strategi-
sche Früherkennung von Unternehmenskrisen, 1. Aufl. Gabler, Wiesbaden.

Zeng D, Chen H, Lusch R, Li S (2010) Social media analytics and intelligence.
IEEE Intelligent Systems 25(6):13-16. doi: 10.1109/MIS.2010.151.

Zentes J, Lehnert F, Beham F, Rossbach J (2012) Extremereignisse – eine unkon-
trollierbare Gefahr? Risikominimierende Strategien für herstellende Unternehmen. Institut für Handel & Internationales Marketing (H.I.M.A) der
Universität des Saarlandes, Frankfurt a. M.